제주의 빛

김만덕

푸|른|숲|역|사|인|물|이|야|기
제주의 빛 김만덕

첫판 1쇄 펴낸날 2006년 2월 10일
22쇄 펴낸날 2019년 1월 29일

지은이 김인숙 **그린이** 정문주
기획 이지수 오진원
발행인 김혜경 **편집인** 김수진
주니어 본부장 박창희
편집 길유진 진원지 문새미
디자인 전윤정 정진희 **마케팅** 노현규
경영지원국 안정숙
회계 임옥희 양여진 김주연
인쇄·제본 영신사

펴낸곳 (주)도서출판 푸른숲
출판등록 2003년 12월 17일 제406-2003-000032호
주소 경기도 파주시 회동길 57-9, 우편번호 10881
전화 031) 955-1410 **팩스** 031) 955-1405
홈페이지 www.prunsoop.co.kr **이메일** psoopjr@prunsoop.co.kr

ISBN 978-89-7184-571-4 73990
     978-89-7184-570-7 (세트)

* 잘못된 책은 구입하신 서점에서 바꾸어 드립니다.
* 저자와의 협약에 의해 인지는 생략합니다.
* 본서의 반품 기간은 2024년 1월 31일까지입니다.

제주의 빛
김만덕

푸른숲 역사 인물 이야기

글 김인숙 · 그림 정문주

푸른숲주니어

생각만 해도 기분 좋은 사람, 김만덕 할머니

　이 책을 처음 보는 사람은 낯선 이름에 고개를 갸웃할지 모르겠습니다. 김만덕이 누구야? 제주의 빛이라니, 도대체 무슨 일을 한 사람이지? 이런저런 궁금증이 생길 테지요. 당연한 일입니다. 그동안 김만덕에 대해 알려진 게 거의 없었으니까요.

　김만덕의 이야기가 전해 오는 문헌은 번암집 55권 '만덕전'입니다. 번암집은 조선 시대 문인인 채제공의 문집이지요. "만덕의 성은 김 씨니 탐라국 양가의 딸이다. 어려서 부모를 잃고 의탁할 곳이 없어서 기생집으로 가게 되고……." 이야기는 이렇게 시작되어 만덕이 객주를 차려 큰돈을 벌고, 제주에 모진 재난이 닥쳤을 때 평생 모은 재산으로 곡식을 사다가 사람들을 살린 뒤, 바다를 건너 금강산에 다녀온 이야기까지 죽 이어집니다. 그리고 마지막에는 "번암 채상국(채제공)이 78세에 충간의 담헌에서 쓰노라." 이렇게 끝납니다.

　어, 이게 다예요? 네, 아쉽지만 그렇습니다. 만덕전은 달랑 종이 두어 장 분량밖에 되지 않습니다. 대충 들어보아도 김만덕이 한 일이 대단하다고 느껴지는데, 너무나 간단한 서술에 저도 처음엔 맥이 풀릴 지경이었지요. 한 사람을 온전히 이해하기 위한 자료로는 턱없이 부족한 내용이었습니다.

저는 만덕전을 바탕으로 김만덕을 찾아 나섰습니다. 관련 자료를 뒤져 가며 겹겹이 둘러쳐진 장벽을 보았습니다. 조선 시대, 제주에서 난 여인으로 벼슬은커녕 한때는 기생으로 살아야 했던 사람. 아하, '만덕전'이나마 남아 있는 게 그나마 얼마나 다행인지 새삼 깨달았습니다. 이번엔 김만덕의 발자취를 따라가 보았습니다. 동문 밖 객주 터도 찾아보고, 가으니마루에도, 사라봉에도 가 보았습니다. 제주목 관아 뜰에도 서 보았습니다. 곡식을 받고 기뻐하는 사람들 모습 뒤로 김만덕의 마음이 느껴졌습니다. 남의 아픔을 고스란히 껴안고 다독여 준 사람, 가진 것을 모두 내어 놓고 함께 나눈 김만덕은 정말 아름다운 사람이었습니다. 만덕 할머니…….

돌아와 책상 앞에서 만덕 할머니 이야기를 정리하려니 힘들기도 했습니다. 그럴 때마다 할머니가 말씀하셨지요. "애야, 지붕에도 마루가 있고, 사람 사는 데도 마루가 있단다." 귓불에 닿는 할머니의 숨결이 모진 바람 속에 피어난 햇살 같습니다. 절로 마음이 따스해져 옵니다. 아무리 힘들어도 이겨 낼 힘이 솟아납니다. 만덕 할머니를 만나서 참 좋습니다. 저처럼 여러분도 만덕 할머니를 만났으면 좋겠습니다. 그래서 온 세상이 따뜻한 마음으로 힘차게 차오르면 좋겠습니다. 생각만 해도 기분 좋은 꿈을 꾸어 봅니다.

2006년 1월 김인숙

차례

바람 부는 섬 제주 • 8

고아가 된 만덕 • 20

기생의 수양딸 • 32

나는 기생이 아니다 • 46

포구에 차린 객주 • 64

여자는 바다를 건널 수 없다 • 90

소금으로 절여진 들녘 • 108

곡식 오백 석 • 118

금강산 일만 이천 봉 • 130

김만덕 할머니 • 140

〈책 속의 책〉
제주에 깃든 작은 역사 • 149

바람 부는 섬 제주

초집
초가집을 가리키는
제주의 말.

휘이윙 바람이 불었다. 바람은 초집* 지붕을 쓸고 내달렸다. 올해(1739년, 기미년) 겨울엔 눈이 잦아 바람이 쓸고 간 지붕 위에도 희끗희끗 눈이 남아 있었다. 야트막한 지붕은 마치 돌담에 몸을 숨기고 납작 엎드려 있는 것 같았다. 하지만 바람은 눈을 다 날려 버릴 작정인 듯 쉴 새 없이 지붕 위로 불고 또 불었다.

만석은 시린 손을 비비며 살금살금 마당으로 들어섰다. 아버지가 먼저 들어왔으면 큰일이었다. 아버지는 마을 사람들과 한라산으로 노루 사냥을 나갔다. 한라산에 눈이 쌓이면 노루가 먹을 것을 찾아 기슭으로 내려오는데, 이때가 바로 노루 사냥철이었다. 아기를 배고 있을 때 피를 묻히는 일은 좋지 않다고 어머니가 말렸다. 아버지는 그냥 따라만 다니겠다고 했다. 노루 사냥은 풍년 든 해 겨울 한철 남자들의 놀이판이기도 했다. 아버지도 사냥에 빠지고 싶지 않았다.

아버지가 나가면서 만석에게 집에 꼭 붙어 있으라고 했다. 어머니에게 조짐이 보이면 대정 할머니를 불러오는 일이 만석이 할 일이었다. 하지만 만석은 언제 나올지도 모르는 아기를 기다리기 힘들었다. 바깥에서 아이들이 자치기라도 하는지 떠들썩한 소리가 들렸다. 만석은 어머니가 아기구덕*을 손보는 틈을 타서 몰래 빠져나갔다. 조금만 놀다 아버지가 오기 전에 돌아올 생각이었다.

아버지가 들어왔나 댓돌부터 살피는데 덜컹 방문이 열렸다. 만석은 놀라 그대로 멈칫 섰다. 방에서 나온 사람은 대정 할머니였다. 만석은 휴우 한숨을 쉬었다.

"아이구, 이게 누구야?"

피 묻은 짚 뭉치를 말아 들고 댓돌로 내려서던 대정 할머니가 놀라 움찔했다.

"저예요, 만석이. 할머니, 그런데 그게 뭐예요?"

"아이구, 깜짝 놀랐다. 기척이라도 하고 들어올 일이지. 만석아, 이건 태 가른 것이니 네가 신경 쓸 것 없고, 어서 방에나 들어가 봐라. 예쁜 동생이 우리 오라비가 언제 오나 하고 기다리고 있으니까."

대정 할머니가 뒤꼍으로 가며 말했다.

"그럼 어머니가 벌써 아기를 낳으셨단 말이에요? 언제요?"

만석은 뒤따라가며 물었다. 대정 할머니는 짚 뭉치를 단단히 말아 한쪽으로 치워 놓았다. 사흘 뒤에 깨끗한 곳으로

아기구덕
대오리로 엮어 만든 제주의 아기 요람. 낳은 지 사흘 뒤부터 누이기 시작하여 세 살이 될 때까지 여기서 키운다. 어머니가 들에 나갈 땐 아기구덕에 아기를 뉘어서 지고 나가, 한쪽에 두고 일을 한다.

고팡
곡식을 담은 항아리를 넣어 두는 창고. 온돌방 뒤에 두어서 마루를 통과해야 다닐 수 있다. 쌀독을 부엌과 멀리 둔 것은 절약하며 사는 제주의 생활 습관과 연관이 있다고 한다.

굴묵
난방을 하기 위해 바깥쪽에 따로 만들어 놓은 아궁이. 솥을 거는 아궁이(솥덕)는 부엌에 따로 있다. 제주 가옥에서만 보이는 특별한 난방 형태.

가지고 가서 태울 것이었다.

"방금 전에 낳았다. 그러나저러나 말똥은 좀 말려 놓았나 모르겠네. 산모 방에 불을 좀 넣어야 할 텐데."

"할머니, 불은 제가 땔게요. 어머니가 동생 낳으면 따뜻하게 해 드린다고 저랑 아버지랑 말똥 많이 모아 두었거든요."

"그래라. 그러면 나는 얼른 밥을 지어야겠다."

대정 할머니는 고팡*으로 들어가 쌀독을 열었다. 쌀독에는 보리가 들어 있었다.

"저 먹을 거 타고난다지만 이 집도 큰일이구먼. 입이 하나 더 늘었으니…… 쯔쯧…… 그나마 다행이네. 올해는 가을 곡식을 그럭저럭 거두었으니 어린것이 젖배라도 덜 곯겠지."

대정 할머니는 부엌으로 들어가 밥을 안쳤다. 아기를 낳은 어머니가 허기를 느끼기 전에 첫국밥을 먹여야 했다.

만석은 아기가 어떻게 생겼나 궁금하고 보고 싶었지만 꾹 참았다. 불이라도 때야지 나중에 아버지에게 야단을 덜 맞을 것 같았다. 만석은 불씨 위에 말똥을 쌓아 놓고 굴묵* 앞에 엎드려서 후후 불었다. 서서히 불이 붙으면 말똥은 오래 타고 화력도 좋았다. 그래서 초가을에는 어느 집이건 말똥을 주워 말리는 게 일이었다. 망탱이*를 둘러메고 산이나 들로 나가 말똥을 주웠는데, 한 사람이 하루에 두세 가마니는 거뜬히 주웠다.

불꽃이 피어난 것을 보고 만석은 방으로 들어갔다. 비릿하고 훈훈한 기운이 낯설었다. 잠든 어머니 옆에 이불에 싸인 아기가 누워 있었다. 만석은 아기 가까이 다가가 이불을 들추었다. 찬 기운에 놀란 아기가 미간을 찌푸렸다. 빨갛고 쭈글쭈글한 얼굴이 겨우 주먹만 했다. 만석은 아기의 볼을 살짝 건드렸다. 아기는 눈도 안 뜨고 입술만 몇 번 달싹이더니 계속 잠을 잤다. 조그만 아기가 할 짓은 다 했다. 만석은 조심조심 이불을 여며 놓고 밖으로 나왔다. 맵찬 바람이 기다렸다는 듯 만석의 품으로 달려들었다. 얇은 옷으로는 막아 낼 재간이 없는 바람이었다. 만석이 부르르 몸을 떠는데, 구수한 밥 냄새가 코끝을 스쳤다. 언제 맡아도 좋은 냄새였다. 쿵쿵거리자 아무렇지도 않던 뱃속이 갑자기 꼬르륵거렸다. 만석은 끌리듯 부엌으로 들어갔다.

망탱이
망태기를 가리키는 제주의 말. 가는 새끼를 엮어 너비가 좁고 울이 깊도록 짠 네모꼴의 주머니이다. 어깨에 멜 수 있도록 양쪽 끝에 길게 고리를 달아 썼다.

"만석아, 동생 보니 어떻드나? 참 못생겼지?"

아궁이 앞에 앉아서 말똥을 뒤척이던 대정 할머니가 만석을 보고 물었다. 만석도 아궁이 앞에 앉았다.

"예, 정말 이상해요. 그런데 아까는 왜 예쁜 동생이라고 하셨어요?"

"허허허, 내가 그랬어? 저런, 큰일 날 소릴 했구나. 아기더러 예쁘다고 하면 명이 짧다는데……. 아이구, 아기가 예쁘긴 어데가 예쁘다고……."

대정 할머니는 혼잣말처럼 중얼거리며 솥뚜껑을 열었다. 뿌연 김이 대정 할머니의 얼굴을 가렸다.

"그새 밥이 다 되었네. 만석아, 어여 밥 들여가자. 애 낳느라 힘들었을 텐데 밥을 먹어야 기운을 차리지."

대정 할머니는 일찍이 혼자된 사람이었다. 남편은 배를 타고 나갔다 돌아오지 못했고, 하나 있던 딸마저 어려서 돌림병으로 죽었다. 힘하고 힘든 세월이었다. 대정 할머니는 그저 죽지 못해 살지 싶었다. 하지만 한 해 두 해 살아가며 그게 아님을 알았다. 대정 할머니 옆에는 이웃이 있었다. 누구라 할 것 없이 모두 힘들게 살았지만, 그들은 서로를 토닥이며 견뎌 낼 줄 아는 사람들이었다. 대정 할머니는 그들과 어울려 꿋꿋하게 살아갔다. 누가 부탁하지 않아도 어려움에 빠진 이웃을 보면 먼저 나서서 살펴 주었다.

풍년 든 해에도 봄이 되면 먹을 것이 귀해졌다. 사람들은 봄보리가 나기 전 이맘때를 보릿고개라 불렀다. 보릿고개는 가난한 사람들에게 슬프고도 처절한 눈물 고개였다. 만석의 집도 예외가 아니었다.

아기가 칭얼거렸다. 봇디창옷*을 벗은 지 두어 달이 되었지만 아기는 아직도 너무 작았다. 깜박 잠이 들었던 어머니는 부스스 일어나 아기를 당겨 안았다. 입술에 젖을 대어 주자 아기는 냉큼 물었다. 그런데 쪽쪽 빠는 소리만 날 뿐 정작 젖을 넘기는 소리는 나지 않았다. 어머니는 머리맡에 놓았던 물그릇을 들었다. 물이라도 마시면 젖이 날까 싶어서였다.

"죽에다 보리라도 한 줌씩 더 넣어서 끓이지 않구……."
아버지가 아기를 돌아보며 말했다.
"봄보리를 거두려면 아직 두어 달이나 남았는데 그럴 수

봇디창옷
제주의 배냇저고리로 태어난 지 3일부터 세 이레(21일)까지 입는 옷. 삼베로 만들었으며 통풍이 잘되어 땀띠 예방하는 데 좋았다.

있나요?"

 어머니는 다시 젖을 물려 주었다. 아기는 손으로 젖을 밀며 빨아 대었다. 아버지는 끙 하며 돌아누웠다. 젖을 빠느라 바동거리는 아기가 안쓰러웠다. 아버지는 어미가 잘 먹어야 새끼 먹을 젖도 펑펑 나온다는 걸 알고 있었다. 멀겋게 끓인 죽 대신 보리나마 듬뿍 넣은 죽이라도 먹이고 싶었다. 하지만 그럴 수는 없었다. 어려서부터 자냥하며 살아야 한다는 말을 귀에 못이 박히도록 듣고 자랐다. 그리고 나이를 먹어 가며 더욱 뼈저리게 느껴 온 말이기도 했다.

 자냥하며 산다는 것은 제주 사람의 숙명이었다. 자냥은 없을 때를 대비하여 있을 때 아끼고 모아 두는 것을 말했다. 제주에서 없다는 것은 곧 죽음을 뜻했다. 제주는 뭍에서 멀리 떨어진 섬이라 무슨 일이 닥쳐도 제때에 구원의 손길이 미치기 어려웠다. 흉년이 들든 풍년이 들든 섬에서 난 것으로 먹고살아야 했다. 이런 가운데 사람들은 살아남기 위한 지혜를 터득했는데, 그게 바로 자냥하는 삶이었다.

 어느 정도 배고픔이 가셨는지 아기는 젖을 물고 까무룩 잠이 들었다.

"어린것이 얼마나 먹는다고 그 배를 다 못 채워 주니……."
어머니는 살며시 젖을 빼고 아기를 품에 꼭 안았다.
"참, 아기 이름을 만덕이라 짓자고 했지요? 덕이 가득 차게 살라구요."
어머니가 생각난 듯이 물었다.
"덕이 많아야 사람들도 따르고 외롭지 않겠지."
"부모 형제 다 있는 애가 외롭긴 왜 외롭겠어요? 별말씀을 다 하네. 그래도 아무튼 덕이 많으면 좋긴 좋겠네요."
만덕이, 만덕이, 김만덕. 어머니는 소리 내어 몇 번을 불러 보았다.
얕은 잠에 든 아기가 깨어나 다시 칭얼댔다.
"만덕아, 만덕아. 이제 그만 자야지. 젖일랑 낼 아침에 줄 테니 이제 그만 자거라."
어머니는 다독다독 아기를 타일렀다. 아기는 젖 냄새가 나는지 어머니 가슴으로 파고들었다. 어머니는 젖을 물렸다. 그러나 젖이 나올 리 없었다. 아기는 빈 젖을 빨다가 울고, 울다가 다시 빈 젖을 찾았다. 어머니는 지쳐 잠든 아기를 뉘었다. 그리고 나란히 누워 가만가만 아기를 토닥였다.

살캉불
송진을 태워 밝히는
등불을 가리키는
제주의 말.

자랑 자랑 왕이 자랑(자장 자장 왕아 자장)

저레 가는 검둥개야(저리 가는 검둥개야)

이레 오는 검둥개야(이리 오는 검둥개야)

우리 애기 재와 도라(우리 아기 재워 다오)

느네 애기 재와 주마(너희 아기 재워 주마)

아니 아니 재와 주민(아니 아니 재워 주면)

질긴 질긴 총 – 배로(질기디질긴 밧줄로)

손모가리 발모가리(손목이랑 발목이랑)

걸려 매곡 걸려 매영(꽁꽁 묶고 또 묶어서)

짚은 짚은 천지소에(깊고 깊은 웅덩이에)

뱁 난 날은 드리치곡(볕 난 날엔 빠뜨리고)

비 온 날은 내치키여(비 온 날엔 내놓을 거야)

돌담 새로 넘어 들어온 바람이 문풍지를 휘젓고 지나가면,
살캉불*은 그을음을 피워 내며 휘청거렸다.

바람 부는 섬 제주 | 19

고아가 된 만덕

"만덕아, 저쪽으로 가서 좀 잡아당겨라. 귀퉁이 잘 맞춰 잡고."

"만덕아, 실패 좀 다오."

"예."

만덕은 실패를 집어 대정 할머니에게 갖다 주었다. 그리고 냉큼 모서리로 가서 이불깃을 잡아당겨 귀퉁이를 맞추었다.

"어머니, 이렇게 하면 되지요?"

"그래, 이제 그대로 놓아두어라."

어머니는 앞섶에서 바늘을 빼어 이불을 꿰매기 시작했다. 누더기가 된 이불에 솜을 더 넣고 새로 만드는 중이었다. 바늘에 꿴 실이 길어서 땀을 뜰 때마다 어머니는 손을 높이 치켜들었다.

"아이구, 도대체 눈이 안 뵈니 실을 꿸 수가 없네. 만덕아, 문 좀 열어 봐라. 빛이라도 들면 좀 뵐라나 모르겠네."

어머니의 손놀림을 지켜보던 만덕이 고개를 돌렸다. 벌써 한쪽을 다 꿰매어 가는 어머니와 달리, 대정 할머니는 아직도 바늘귀를 잡고 있었다. 만덕이 문을 열자 한낮의 빛이 조르르 밀려 들어왔다.

대정 할머니는 문 쪽으로 돌아앉아 실을 꿰었다. 그러나 실은 번번이 바늘귀를 빗나갔다. 침을 발라 실 끝을 뾰족하게 말아 봐도 마찬가지였다. 대정 할머니는 치켜든 팔이 무거워지고 어깨도 아팠다.

"세월 가는 건 어쩌지 못한다더니 나도 이제 늙었나 보다. 허기사 핏덩이 받아 낸 게 엊그제 같은데 벌써 저리 자랐으니 내가 안 늙고야 배기겠나."

대정 할머니는 만덕을 바라보며 허허롭게 웃었다.

"그만 놔두세요. 지금은 혼자서도 금방 해요. 만석이 장가를 들일 때 그때나 거들어 주세요."

"만석이 장가들일 때야 이불 꿰맬 일이 있나, 만덕이 시집갈 때라면 몰라도. 아무튼 그땐 내가 만사 제쳐 놓고 와서 도와줄 테니 아무 걱정 말게. 근데 가만, 만덕이가 올해 아홉 살 맞지? 쟤가 기미년에 태어났으니까."

"예, 맞아요. 벌써 내년이면 열 살인걸요."

"만덕이가 정말 많이 컸네."

"우리 만덕인 커 갈수록 속도 깊고 정도 많아요. 터울이 커서 그런지 만석이는 동생들을 거들떠보지도 않는데 만덕인 달라요. 동생을 어찌나 살뜰히 보살피는지, 만재가 만덕이만 따른다니까요."

만재는 만덕의 두 살 아래 동생이었다. 어머니는 만석을 낳고 십여 년 만에 만덕을 얻었는데, 만덕을 낳은 뒤에 바로 또 태기가 들었다. 그 때문에 만덕은 젖을 일찍 떼었지만 무럭무럭 잘 자랐다. 하지만 만재는 병치레가 잦았다. 걸음도 늦고 말도 늦더니 커 가면서도 손 갈 일이 많았다. 만덕은 바쁜 어머니를 대신해서 만재를 보살폈다. 어머니는 흐뭇한 얼굴로 만덕에게 눈길을 주었다.

"그래, 만덕이 속이 깊다마다. 엊그제 낮에 지나다 보니까 새까맣게 그슬린 보리 이삭을 놓고 남매가 쭈그리고 앉았대. 어쩌나 싶어 기척 없이 지켜 서서 보니까 만덕이가 이삭을 비벼서 연신 만재 입에다만 털어 넣어 주는 거라. 만덕이 저도 먹고 싶었을 텐데. 그래 내가 '만덕아, 너는 안 먹니?' 했더니 '동생부터 먹이고요.' 그러대. 게다가 '할머니도 이것 좀드세요.' 하며 시커먼 보리 이삭을 내게도 내밀겠지. 만재는 주는 대로 덥석덥석 받아먹기만 하고. 누가 그리 시켜서 하는 것도 아니고, 만덕인 마음 쓰는 게 예사롭지가 않아. 나중에 우리 만덕이 데려가는 사람은 복 받은 사람이지. 만덕인 시집가서도 아주 잘 살 테니 말이야. 그렇지, 만덕아?"

느닷없는 칭찬에, 시집 얘기까지 나오니 만덕은 눈 둘 데가 없었다.

"어유, 참. 할머니두. 바늘 주세요, 제가 실 꿰어 드릴게요."

대정 할머니는 웃으며 바늘을 건넸다.

"매듭은 홀치지 말고 할머니한테 그냥 드리는 거다."

어머니가 이불에 땀을 뜨며 말했다.

"왜, 내가 설마 만덕이에게 고 풀어 달라고 성가시게 할까 봐서?"

할머니가 껄껄 웃으며 어머니를 바라보았다. 어머니는 바느질하던 손을 멈추고 황급히 변명을 늘어놓았다.

"아이, 그게 아니고 우리 어머니도 저에게 바늘귀 꿰어 달라고 하실 땐 언제나 그렇게 말씀하셨거든요. 바늘귀는 제가 꿰어 드려도 매듭 홀치는 건 꼭 어머니가 하셨어요. 그래서 그냥 무심코 한 말이지 뭐 그런 뜻으로 한 말은 아니에요."

"할머니, 고 풀어 주는 게 뭔데요?"

만덕이 냉큼 물었다.

"아직 모르고 있었구나. 어허, 어메가 만덕이한테 이야기를 안 해 주었나 보네. 허긴 네 어메 말처럼 그냥 바느질할 때 무심코들 하는 얘기지, 별거 아니다."

"무슨 얘긴지 해 주세요, 할머니."

만덕이 대정 할머니를 졸랐다.

"어린애처럼 구는구나. 할머니 귀찮으시겠다."

어머니가 나무라듯 말했지만 얼굴에는 웃음빛이 흘렀다.

"귀찮기는. 만덕아, 한번 들어 볼래?"

만덕은 대정 할머니 옆으로 바짝 다가앉았다. 대정 할머니가 바늘을 받아 들고 실 끝에 매듭을 홀쳤다. 어머니는 다시 바느질을 하기 시작했다.

"무당이 굿할 때 고풀이란 걸 하거든. 거기에서 나온 말이야. 죽은 사람의 한을 풀어 주는 거지. 한을 풀지 못하고 세상을 떠난 사람은 귀신이 되어서도 저승에 가지 못하고 이리저리 떠돈단다. 그러면서 산 사람들을 괴롭히지. 한 맺힌 제 가슴을 좀 풀어 달라고 심술을 부리기도 하고, 떼를 쓰기도 하는 거라. 너도 귀신 얘기 많이 들어 보았지? 그게 다 그런 귀신들 얘기일 거라. 죽어서 저승에도 못 가고, 그렇다고 산 사람이 아니니 이승에서도 못 살고. 그러니 귀신들도 좀 괴롭겠어? 그래서 산 사람들에게 해코지도 하고 그러겠지. 하지만 산 사람들 눈에는 귀신이 보이지도 않으니 어디 당해 낼 재간이 있나. 견디다 못해 산 사람들은 죽은 사람을 위해 떡이며 고기며 술로 한상 잘 차려 놓고 굿을 한단다. 죽은 사람의 맺힌 한을 풀어 주고, 또 좋은 곳으로 가고, 극락왕생하라고 빌어 주려고 말이야."

"맺힌 한이 풀리면 죽은 사람 마음이 정말 편안해질까요?"

"그거야 누가 알겠니. 그냥 이 땅 어느 목숨이나 한을 안고 사니까 모두 제 일이려니 싶기도 하고, 또 그렇게나마 위로 받고 싶기도 해서 하는 말들일 테지. 하지만 다 쓸데없는 얘기다. 사람이 죽은 뒤에야 아무리 잘 차려준들 무슨 소용이 있다고……."

"할머닌 그러니까 돌아가시지 말고 오래오래 사셔야 해요."

대정 할머니는 껄껄 웃으며 만덕의 말을 받았다.

"허허. 그래, 그래야지. 그렇다만 언제 갈지 모르는 게 바로 사람 목숨인 거라."

그런데 정말 죽음의 그림자는 예고 없이 찾아왔다.

영조 26년(1750년, 경오년), 전국에 돌림병이 돌았다. 정월부터 돌기 시작한 병은 삽시간에 전국으로 번졌다. 병든 사람들은 며칠 버티지 못하고 죽어 나가기 일쑤였다. 이렇게 죽은 사람이 5월 말까지 전국에서 12만 5천여 명에 이르렀다. 살아도 산목숨이 아니었다. 돌림병을 막을 방법이 없었다. 사람들은 그저 어서 병이 물러가기를 빌었고, 병들지 않고 살아남길 바랄 뿐이었다.

하지만 돌림병은 쉬 물러가지 않았다. 여름을 지나면서 더 크게 번졌고, 9월 한 달 동안에만 6만 7천여 명이 죽었다. 눈 뜨고 볼 수 없는 처참한 광경이 곳곳에서 벌어졌다. 마을 사람 모두가 죽은 곳도 있었다. 또 어떤 마을에서는 미처 수습하지 못한 주검이 널브러진 채 그대로 썩어 가기도 했다. 엄청난 재앙이었다. 저승길이 너무도 가까웠다. 게다가 제주는 기근까지 겹쳐 더 호된 고통을 겪었다. 그해 정월, 만덕의 집에도 돌림병이 찾아들었다.

먼저 병이 든 건 아버지였다. 아버지는 열에 들떠 정신을 놓더니 나흘을 못 넘기고 죽었다. 어머니는 쓰러져 통곡했다.

"아이구, 만석 아버지. 이 어린것들을 두고 어찌 간단 말이우. 만덕이 만재가 눈에 밟히지도 않았소? 어서 일어나 말 좀 해 봐요, 만석 아버지."

만덕은 치마폭에 매달리는 만재를 끌어안고 울었다. 만석이 어머니를 일으켜 세웠다. 만석의 얼굴도 눈물범벅이었다.

대정 할머니가 나서서 초상을 치렀다. 초상을 치른다고 해 봐야 지게에 지고 나가 땅에 묻는 게 고작이었지만 그마저도 힘든 일이었다. 기근으로 끼니를 잇지 못한 사람들은 약할 대로 약해졌다. 거기다 병까지 겹쳐 누우면 다시 일어나기 힘들었다. 계속해서 사람들이 눕고 죽어 나갔다. 누구에게 무엇을 바랄 수도, 원망할 수도 없었다. 모두 제 목숨 지키고 살기도 힘든 터였다.

아버지를 여읜 만덕의 집에 대정 할머니만 여전히 들락거렸다. 정신을 차리는가 싶던 어머니가 시름시름 앓기 시작한 건 5월 무렵이었다.

"만석 어메야, 이거라도 좀 먹어 봐라. 뭐라도 먹고 살아야
하지 않겠나, 응?"

대정 할머니는 묽은 국물을 떠서 어머니 입에 흘려 주었다.
보리에 시래기를 넣고 묽게 끓인 죽이었다. 어머니는 국물을
넘기지 못했다.

"애들 생각해서라도 먹어야지. 어서 먹어 봐. 곧 보리도
거둬야 할 텐데 애들만 두고 가면 이 어린것들은
어떡하라고?"

어머니는 눈조차 뜨지 못했다. 가는 숨소리만 끊길 듯
이어졌다. 대정 할머니는 어머니에게 곧 죽음이 닥치리라는
걸 알았다. 숟가락을 내려놓고 가만히 어머니 손을 모아
쥐었다.

"만석 어메야, 사람의 한세상 토란 잎에 이슬이라지만
그래도 이리 가니 허망하구먼. 참, 하늘도 무심하다. 그래도
어쩌겠나, 그리 힘들면 가야지. 내 살아 있는 동안 자네
새끼들 모른 체 안 할 테니 편히 눈감고 가소. 이승에 맺힌
한 모두 훌훌 털어 버리고 그만 편히 가소. 아이구, 이
불쌍한 사람아."

주름진 볼을 타고 눈물이 흘렀다. 어머니는 끝내 돌아오지 못할 길로 떠났다. 만석은 결혼을 앞둔 나이였지만 만덕은 열두 살, 만재는 겨우 열 살이었다. 삼 남매는 어머니를 장사 지내며 소리 내어 울지도 못했다.

여름이 가고 선선한 가을이 오고서야 돌림병이 물러갔다. 하지만 그해, 돌림병으로 목숨을 잃은 제주 사람은 무려 882명이나 되었다. 대정 할머니가 살아남은 게 삼 남매에겐 그나마 다행한 일이었다.

기생의 수양딸

관아
관원이 모여서 공무를 보던 곳.

기적
기생의 신분을 공적으로 기록해 놓았던 등록 대장.

　　만덕은 가지런히 머리를 땋아 올리고 비녀를 꽂았다. 발그레한 볼에 쌍겹 진 눈이 고왔다. 설향은 흐뭇한 눈길로 만덕을 지켜보았다. 설향은 만덕을 볼 때마다 집으로 데려오길 잘했다는 생각이 들었다. 만덕은 부지런하고 눈썰미가 있었다. 한 가지를 가르치면 열 가지를 해내는 아이였다. 만덕이 들어간 부엌은 언제나 말끔했고, 흥얼거리는 노랫소리는 어깨너머 배운 것으로 들리지 않을 정도였다. 게다가 성격 또한 활달했다. 만덕은 나이가 들수록 점점 더 고운 자태를 드러냈다. 가까이 두고 볼수록 이만한 아이가 없었다. 설향은 만덕을 수양딸로 삼았다. 그리고 부엌일 대신 기예를 가르쳤다. 만덕은 거문고를 타고 춤을 추었다. 만덕이 열일곱 살이 되었을 때 설향은 만덕을 관아*의 기적*에 올렸다. 만덕은 그렇게 기생이 되었고, 시나브로 제주의 명기로 불리게 되었다.

　　"어머니, 그럼 다녀오겠습니다."

　　"그래, 잘 다녀오너라. 제사가 늦을 테니 오라비 집에서 자고, 내일 날이 밝거든 천천히 오려무나."

　　"예, 어머니."

"제수* 챙겨 가는 거 잊지 마라. 부엌에 싸 놓으라고 일렀으니 준비해 놓았을 거다."

"이렇게 번번이 마음 써 주셔서 고맙습니다."

마을에 가까이 갈수록 만덕의 발걸음이 무거워졌다. 어머니 제삿날이라 양손 가득 제수를 들고 가는 길이었지만, 만덕은 돌아가신 어머니를 볼 낯이 없었다. 시집도 안 간 처자의 몸으로 쪽을 찐 모습이 죄스럽게 느껴졌다. 기생이 되지 않았다면 얼마나 좋을까. 만덕은 나이를 먹어 갈수록 마음이 편하지 않았다. 양가의 자식으로 태어나서 기생으로 산다는 것은 부모를 욕되게 하는 일이었다. 벗어날 수만 있다면 벗어나고 싶은 삶이었다. 이번에도 만덕은 선뜻 마을로 들어서지 못하고 마을 어귀에서 머뭇거렸다.

멀리 한라산 중턱에 구름이 감겨 있었다. 어머니는 한라산 중턱에 구름이 감기면 비가 올 징조라고 했다.

"만덕아, 비 오거든 얼른 나가서 비설거지*해야 한다. 만재도 비 맞지 않게 불러들이고. 알았지? 어제 구름이 산 목을 졸랐으니 오늘 틀림없이 비가 올 거다."

그럴 때마다 정말 비가 왔는지 만덕은 기억하지 못했다.

제수
제사에 쓰는 여러 가지 재료.

비설거지
비가 오려고 하거나 올 때, 비에 맞으면 안 되는 물건을 치우거나 덮는 일.

하지만 가만가만 이르던 어머니의 목소리는 생생했다. 만덕은 애써 누른 설움이 북받쳤다. 만덕은 길가에서 비켜나 사람들 눈에 안 띄는 곳에 자리를 잡고 앉았다. 마을 어귀는 8년 전이나 지금이나 계절 말고는 변한 것이 없었다. 인기척에 놀란 까마귀 떼가 이 나무 저 나무에서 야단스럽게 짖어 댔다.

졸지에 고아가 된 삼 남매는 먹고살 길이 막막했다. 그러나 혹독한 돌림병이 휩쓸고 간 뒤라 누구도 그들을 보살펴 줄 여력이 없었다. 삼 남매는 굶기를 밥 먹듯이 했다. 대정 할머니도 사정은 마찬가지였다. 며칠씩 굶으면 눈을 감고 누워도 눈앞에서 노란 하늘이 뱅뱅 돌았다. 마치 죽음이 코앞까지 다가와 어른거리는 것 같았다. 결국 만석은 만재를 데리고 남의집살이를 가고 만덕은 기생인 설향의 집으로 들어가 몸을 맡기기로 했다.

만석과 만재가 먼저 떠나고 집에는 만덕이 혼자 남았다. 만덕은 어린 마음에도 설향의 집으로 가는 게 께름했다. 부엌데기로 가는 것이었지만 어쨌든 기생의 집으로 들어가는 것이었다. 하루 이틀 미루며 며칠을 보냈다. 대정 할머니는 먹을 것이 생길 때마다 혼자 남은 만덕에게 가져다주었다. 혼자 먹어도 겨우 입에 풀칠이나 할 정도였지만 어린 만덕이 굶어 죽어 가도록 둘 수는 없었다. 만덕은 어쩔 수 없이 받아먹으면서도, 대정 할머니의 뻔한 사정 때문에 마음이 편하지 않았다.

"괜찮다. 이렇게나마 나눠 먹을 게 있는 것도 내겐 복이야. 사람의 도리를 지키고 살 수 있으니 말이다. 아무리 어려워도 저만 생각하고 사는 것은 사람이 할 짓이 아니지. 공연히 미안하단 생각할 것 없다."

대정 할머니는 만덕이 마음 쓰지 않도록 음식을 나눠 주는 일을 대수롭지 않게 말했다. 그러나 이것도 하루 이틀이었다. 만덕은 더 이상 대정 할머니에게 짐이 되어서는 안 되겠다고 생각했다. 설향의 집에서는 오려면 빨리 오라고 성화였다. 만덕은 설향의 집으로 들어가기로 마음먹었다. 나중에 커서 혼자 살 수 있는 힘이 생기면 그때 다시 돌아오리라 생각했다. 지금은 당장 먹고살 길을 찾아야 했다.

설향의 집으로 가는 날, 마을 어귀까지 가는 내내 대정 할머니는 만덕의 손을 놓지 않았다. 그러나 그 손아귀에는

행랑아범
대문 옆에 붙은 행랑에 살면서 집안의 허드렛일을 도맡아 하는 남자.

아무 힘도 남아 있지 않았다. 대정 할머니는 한 줌 검불 같았다.

"할머니, 걱정하지 마세요. 나중에 크면 집으로 돌아올 거예요. 그땐 일도 잘해서 굶을 걱정 없이 살 수 있을 텐데요. 저 잘할 수 있어요."

짐짓 활달한 척 말했지만 만덕의 목소리가 가늘게 떨렸다.

"아무렴, 그래야지."

더 이상 아무 말이 없었다. 마을 어귀를 향해 걸어가는 두 사람 사이로 늦가을 바람이 마구 내달렸다.

마을 어귀에는 설향의 집 행랑아범*이 나와 있었다.

"네가 만덕이냐?"

만덕은 고개를 끄덕였다.

"여보시오, 우리 만덕이 좀 잘 보살펴 주시오. 부탁하우."

"그거야 재 하기 나름이고, 설향 아씨 눈에 달린 일이지, 나 같은 놈이 뭘 알우? 어유, 추워 죽겠네. 서둘러 올 일이지, 기다리다 찬바람에 얼어 죽을 뻔했수."

행랑아범은 한참 추위에 떨었는지 갈 길을 재촉했다.

"어서 가자. 설향 아씨가 기다리고 계신다."

마음먹고 나온 길이었지만 만덕은 발걸음이 떨어지지 않았다. 주뼛주뼛 나서는데 대정 할머니가 만덕을 당겨 세웠다.

"만덕아, 내 말 잘 들어라. 너는 어머니 아버지를 잊어서는 안 된다. 자기 근본을 알아야지 제 몸 귀한 줄도 아는 거다. 그리고 언제나 사람이 할 도리가 뭔지 생각하면서 살아야 해. 아무리 어려워도 제 한 몸 편하자고 남의 눈에 피눈물 나게 하면 안 되는 거지. 너야 그럴 리 없다는 걸 잘 알지만, 네가 가는 그 길이 가시밭길 천지라 하는 말이다. 내 말 알아들었지?"

대정 할머니는 한마디 한마디 못을 박듯 말했다. 여느 때 보던 모습이 아니었다. 꽉 다문 입술 새로 참았던 울음이 꺽꺽 삐져 나오려고 해서 만덕은 입을 열 수 없었다. 만덕의 어깨가 마구 떨렸다. 대정 할머니는 만덕을 품에 안고 토닥였다.

"지붕에도 마루가 있고 사는 데도 마루가 있단다. 누구나 살면서 어려운 시절을 겪는 법이야. 하지만 산 목숨은 살게 마련이다. 세상은 저 혼자 사는 게 아니거든. 마음 굳게 먹고 견뎌 내야 한다."

행랑아범이 다가와 만덕의 손을 잡아끌었다.

"자, 자, 그만하고 빨리 가자. 죽으러 가는 길도 아닌데 이별이 너무 섧구려. 할멈, 그만 들어가시구랴."

행랑아범의 손에 끌려가며 만덕은 뒤를 돌아보았다. 뿌옇게 흐려진 만덕의 눈에 대정 할머니가 보였다. 대정 할머니는 풀썩 주저앉은 채 허공에 팔을 내저었다.

"아이구, 이 일을 어쩌누. 저 어린것이 기생집으로 가는데, 나는 가지 말라 말리지도 못했으니 이 일을 어쩌누. 잘 살펴 주겠다고 약속해 놓고선 저리 보내고 말았으니. 만덕아, 만덕아. 꼭 다시 돌아와야 하는데…… 만덕아……."

대정 할머니의 넋두리에 놀란 까마귀 떼가 푸드덕 꺽꺽 울어 댔다.

두런두런 어둠이 내렸다. 만덕은 길게 한숨을 내쉬었다. 만덕은 마을이 완전히 어둠에 잠긴 뒤에야 만석의 집으로 향했다.

"이리 오너라. 만덕이가 여기 산다지? 이름이 자자하기에

과연 듣던 대론지 한번 볼까 해서 왔느니라. 지체 말고 어서
만덕을 대령시키도록 하여라."
설향의 집 문간에 들어선 사내가 호기롭게 말했다.
"저, 나으리. 만덕 아씬 요즘 몸이 아파서 나오지
못하십니다. 그러니 다른 아씨를 부르시는 것이 좋을
듯합니다만."
"뭐라? 한낱 기생인 주제에 부르면 달려 나올 일이지, 어디
누워 있단 말이냐. 여기까지 와서 저를 찾았는데 감히 나를
박대하려 든단 말이냐. 당장 불러 앉혀라."
사내는 발을 땅땅 구르며 으름장을 놓았다. 심부름하는
아이는 겁에 질려 만덕에게 달려갔다. 설향은
안절부절못했다. 그가 누구든 집에 찾아든 이에게 미움을
샀다간 좋을 일이 없었다. 만덕은 자리에서 일어나 매무새를
다듬었다.
"내가 나갈 테니 너는 부엌에 가서 술상을 차리라고
일러라. 어머니, 너무 걱정 말고 계세요."
상에는 향기로운 음식이 가득 차려졌다. 돈 많은 양반들이
먹는 음식은 배고파서 먹는 음식이 아니었다. 색색으로

합죽선
얇게 깎은 겉대를 맞붙여서 살을 만들고 종이나 헝겊을 발라서 만든 쥘부채. 선비의 상징으로, 합죽선에 사군자나 산수화를 그려 넣기도 한다.

한량
원래는 벼슬을 하다가 그만둔 사람을 말하지만, 점차 하는 일 없이 놀고먹는 양반을 비아냥거리는 말로 변하였다.

화려하게 꾸미어 보는 눈을 즐겁게 했으며, 보도 듣도 못한 재료로 술을 빚어 마시기도 했다. 심부름하는 아이 둘이 상을 맞잡고 방에 들였다. 만덕은 사내 앞에 마주 앉았다.

"나으리, 심려를 끼쳐 드려 죄송합니다. 이 잔 받으시고 부디 노여움을 푸십시오."

사내는 만덕을 위아래로 훑어보았다.

"오호라, 과연 듣던 대로 천하절색이구나. 어디 네 눈썰미는 어떤지 좀 봐야겠다. 만덕아, 내가 누군지 한번 맞혀 보겠느냐?"

한결 누그러진 목소리로 사내가 물었다.

만덕은 고개를 들어 사내를 보았다. 한껏 멋을 부린 차림이었다. 모시 도포에 큰 갓을 쓰고 비취 장식을 늘어뜨린 합죽선*까지 들고 있었다. 자르르 갖춰 입은 복색이며 길게 늘이는 말끝으로 행세깨나 하는 양반인 체했지만 사내의 눈동자는 쉴 새 없이 움직였다. 돈 많은 집 자제로 한량*임이 분명했다. 만덕은 속으로 코웃음을 쳤지만 한껏 공손하게 말했다.

"나으리는 제주 분이 아니십니다. 그렇다고 제주에 새로 부임하신 관원도 아니시니, 아마도 세상 구경 나오신 선비님이 아니실까 싶습니다."

"흐흠, 그래, 내가 제주 사람이 아닌 것은 말투만 보아도 알 만한 것일 테니 그렇다 치고, 어찌 내가 새로 부임한 관원이 아닐 거라 생각했느냐?"

"제가 관아의 기녀*로 몇 년을 지냈습니다. 그래서 제주의 크고 작은 연회에 나가 미천한 춤과 노래를 선뵈었지요. 그때마다 제주에 계신 나으리들을 뵐 적이 많았고요. 그러다 보니 들고 나는 관아의 대소사는 어느 정도 다 꿰게 되었습니다. 요즘 새로 부임하신 나으리는 안 계신 줄 압니다."

"그래?"

"뿐만 아니라 제가 언뜻 뵌 모습만으로도 나으리 차림이 너무나 훌륭하십니다. 손에 드신 합죽선에선 선비의 풍류가 흘러 나시고, 희디흰 모시 도포에선 학의 날개처럼 기품이 넘쳐 나시어 감히 눈을 둘 수 없을 지경입니다. 그만한 모시는 웬만한 사람은 구경조차 못하는 것이지요. 더구나 제주에선 모시가 나지 않으니 저도 언제쯤 보았던가

관아의 기녀
관아에 딸린 기생.

사방침
모로 기대어 앉아서
팔꿈치를 괴는 데 쓰는
베개 모양의 물건.
가로가 길며 네모지다.

가물가물 알 수도 없습니다. 명문 세가의 자제분이 아니시면 그리 차리시기 어려울 줄 압니다."

사내는 사방침*에 비스듬히 기대어 앉으며 합죽선을 펼쳐 들었다.

"하하하, 제주의 명기라더니 과연 듣던 대로구나. 그래, 나는 네 말대로 제주 사람도 아니고, 그저 풍류를 찾아 이리저리 떠도는 사람이다. 선대에도 벼슬에 나간 일 없고 나 또한 학문을 닦아 벼슬길에 나가려는 생각은 추호도 없으니 명문가의 자제랄 것도 없지. 하지만 재물은 넉넉하여 한평생 먹고살 걱정 또한 없는 몸이다. 그러니 이리 가까이 앉아라. 이 밤이 지새도록 나와 함께 놀아 보자꾸나."

사내가 합죽선을 펄럭일 때마다 고리에 매어 달린 비취 장식도 따라 흔들렸다.

"나으리, 제가 거문고 한 자락 뜯어 올리겠습니다. 어여삐 들어 주십시오."

만덕의 짐작대로 사내는 선비 꼴만 흉내 낸 양반이었다. 만덕은 사내가 돌아갈 때까지 방에서 나갈 수 없었다.

속마음을 감춘 채 만덕은 사내의 기색을 살피고 비위를 맞추며 웃고 춤춰야 했다.

  만덕은 밤이 깊어서야 잠자리에 들었다. 몸이 고되었지만 잠이 오지 않았다. 바람에 실려 온 달빛이 문가에서 서성거렸다. 설향의 집으로 떠나오던 날, 이 나무 저 나무에서 푸드덕거리던 까마귀 울음소리가 깍깍 들리는 듯했다.

나는 기생이 아니다

새
띠를 가리키는 제주의 말. 띠는 볏과의 다년초 풀이다. 한라산 기슭 중산간 지역에서 많이 나는데, 지붕을 잇거나 우장(비옷)을 엮는 등 쓰임이 많다.

골갱이
호미를 가리키는 제주의 말.

대정 할머니 집은 유난히 지붕이 낮고 거무튀튀했다. 새*를 엮어 얹은 지붕이 비바람에 내려앉고 썩어 간 탓이었다. 대정 할머니는 몇 년째 지붕을 새로 잇지 못했다. 마당을 둘러친 돌담마저 한쪽이 무너져 있었다. 만덕은 자글자글 늙어 가는 대정 할머니의 모습을 보는 것 같아 가슴이 아팠다.

대정 할머니는 집에 없었다. 만덕은 대정 할머니를 찾아 조밭으로 나가 보았다. 장마가 끝난 뒤 내리쬐는 뙤약볕이 땅을 달구었다. 만덕은 땅을 차고 올라오는 열 때문에 밭에 서 있기만 해도 숨이 막힐 지경이었다. 대정 할머니는 밭에 엎디어 김을 매고 있었다. 골갱이* 잡은 손이 더디었지만 쉬지 않고 움직였다.

"할머니, 땡볕에서 뭐하세요? 해가 지면 나오실 일이지."

"아이구, 우리 만덕이가 왔구나."

반가운 목소리와는 달리 대정 할머니의 몸은 굼떴다. 만덕이 다가가 대정 할머니를 잡아 일으켰다. 골골이 주름 팬 얼굴에 땀이 번들거렸다.

"이 더운 날 어쩐 일로 여기까지 왔니? 볕에 서 있지 말고 어서 집으로 들어가자. 더위 먹으면 큰일이다. 어여

들어가."

대정 할머니는 만덕의 등을 떠밀었다. 만덕은 가슴이 뭉클했다.

마루에 마주 앉은 두 사람은 한동안 말이 없었다. 만덕이 차롱*에 담아 온 떡이 가운데에 놓여 있었지만 아무도 손을 대지 않았다. 만덕이 다시 입을 열었다.

"할머니, 이렇게 혼자 고생하지 마시고 저랑 같이 가세요. 설향 어머니도 허락하셨어요."

"나는 안 간다. 어찌 내 몸뚱이 하나 편히 살겠다고 눈물로 지은 네 밥을 얻어먹고 살겠니?"

"할머니는 제게 어머니나 같은 분이세요."

만덕은 대정 할머니에게 바싹 다가앉으며 말했다.

"그건 나도 마찬가지다. 하나 있던 딸자식을 가슴에 묻고도 이렇게 살아온 것은 만덕이 네가 곁에 있었기 때문이야. 나는 너를 내 자식이려니 생각하고 살았으니까. 하지만 제주 사람이 늙었다고 어디 자식한테 얹혀살더냐?"

"할머니, 그렇지만."

"늙긴 했어도 아직 삭신이 멀쩡하고 정신도 흐리지 않으니

> **차롱**
> 도시락 크기만 하게 대나무로 만든 그릇. 제주에서는 밖에 나갈 때 여기에 밥이나 떡을 담아 가는데, 바람이 잘 통해서 여름에도 음식이 잘 상하지 않는다.

허벅
부리는 겨우 손이 들어갈 정도로 좁고 배는 불룩한 제주의 항아리. 물을 담는 데 주로 쓰지만, 오줌 거름을 담아 나를 때도 쓴다. 또한 명절이나 잔치 때는 장단을 치는 악기로도 쓴다.

이대로 사는 게 좋구나."
"할머니."
만덕은 간곡한 눈빛으로 대정 할머니를 보았다.
"가만 앉아 있어라. 먼 길 오느라 고생했는데 차가운 물로 목이라도 축이고 가야지. 모처럼 떡을 먹었더니 나도 물이 멕히는구나."
대정 할머니가 말을 자르고 주춤 일어서려 했다.
"할머니, 그냥 앉아 계세요. 제가 떠 올게요."
대정 할머니는 일어서려는 만덕의 손을 잡아 앉혔다.
"만덕아, 걱정하지 말아라. 정월 초하룻날 오줌 허벅* 지고 밭에 가는 사람이 바로 나다. 그래 변변한 땅뙈기 하나 없이도 여태 죽지 않고 잘 살았지. 아무 걱정 말고 네 몸이나 잘 돌보아라. 그런데 지난번 보았을 때보다 얼굴이 안 좋구나. 어디 아프기라도 한 거니?"
"아니에요."
"그럼 됐다. 그리고 다음에는 떡이며 이런 것들 가지고 오지 마라. 먼 길에 힘들다."
만덕은 혼자서 왔던 길을 되돌아섰다. 대정 할머니가 못이기는 체 따라나서길 바랐지만 그건 어림없는 일이었다. 만덕은 대정 할머니가 따라나서지 않을 거란 사실을 잘 알았다. 한라산 너머로 노을이 붉었다. 만덕은 하염없이 노을을 바라보았다. 노을은 구름을 적시고 산을 적셨다. 노을에 젖은 산은 곧 짙은 빛으로 가라앉았다. 우뚝하게 솟았던 산이 제 모습을 감추고 어둠에 잠기는 시간이었다. 만덕은 산처럼 어둠에 묻혔으면 싶었다. 하지만 해가 뜨면 산은 다시 드러날 것이었다. 기생이 된 몸은 어디에도 숨길 데가 없었다. 기적에서 벗어나지 않은 한 만덕은 기생일 뿐이었다. 냉가슴을 앓는 만덕의 몸은 바삭바삭 사위어 갔다. 만덕은 기적에서 빠져나오는 일을 더 이상 미룰 수 없었다. 기회가 닿는 대로 목사*를 찾아갈 생각이었다. 만덕은 설향의 집으로 터덜터덜 발걸음을 떼었다.

설향의 집은 아침부터 부산했다. 전을 지진다 닭을 잡는다 떠들썩했다. 집 안은 음식 냄새로 절로 배가 부를 지경이었다. 설향은 이리저리 오가며 하나하나 살피고 참견했다.

"오늘은 아주 특별한 날이야. 목사 영감께서 마련하시는

목사
조선 시대 지방 행정 단위인 목(牧)에 파견되었던 정3품직 고관. 각 도에 있는 관찰사 아래에서 맡은 지역의 모든 실정을 책임졌다. 제주 목사는 전라 관찰사의 지휘를 받았다.

판관
조선 시대 여러 관서의 종5품 관직. 소속된 관의 행정 실무를 맡거나 지방관을 도와서 행정, 군정에 참여했다. 제주에는 한 명의 판관이 파견되었다.

송별연 자리니까 조금도 소홀함이 있어선 안 된다. 애들아, 너희들은 단장하지 않고 뭐하고 앉은 게냐?"

제주 목사 일행이 설향의 집에 왔을 땐 손님 맞을 준비를 막 끝낸 뒤였다. 목사 신광익은 판관* 한유추와 마주 앉았다. 그들 앞에 놓인 상은 산해진미로 그득 찼다.

"어허, 한 판관, 이제 서울로 떠나가면 다신 제주 땅을 밟지 않으시겠구려. 만나자마자 이별이라 서운하기 그지없소. 자, 한잔 받으시오."

"영감을 다시 못 볼 걸 생각하니 저도 섭섭한 마음 이루 말할 길 없습니다. 하지만 사람의 일이란 게 어디 작정한 대로만 흘러야지요. 자, 제 술도 한잔 받으십시오."

"영감마님, 아이들을 불러올릴까요? 만덕이도 대령시켜 놓았습니다."

설향이 눈웃음을 치며 말했다.

"아무렴, 그래야지. 판관께서 떠나시는 마당이니 만덕이 손이라도 한 번 더 잡아 보고 싶으실 게다. 안 그렇소, 판관?"

"허허, 그동안에 만덕이가 제 차지가 되었어야지요."

"오호, 그럼 판관께서도 끝내 만덕의 마음을 얻지 못하고 떠나는구려. 허허, 저런. 이럴 게 아니라 오늘은 강제로라도 만덕에게 수청을 들라 일러야겠소."

"허험, 험. 점잖으신 영감께서 별말씀을 다 하십니다."

"하하하하, 그냥 해 본 말이었소. 그러나저러나 역시 만덕을 제주의 명기라 이를 만하구려. 기생이면서 심지가 굳기로 이만한 애가 또 어디 있겠소? 천하에 황진이도 만덕이만 못했을 것이오."

"옳으신 말씀이십니다. 심지가 굳은 아이는 기생이라도 함부로 대하기가 어려운 법이니까요. 만덕인 아무나 꺾어 버릴 노류장화가 아닙니다. 제가 그동안 죽 지켜봤지만 기생으로 두기엔 아까운 아이였습니다."

"영감마님, 저는 물러나 기다리고 있겠으니 때가 되면 분부 내리십시오."

두 사람의 수작이 길어지자 설향은 자리에서 물러 나왔다. 설향이 나가자 목사는 판관에게 소리를 낮춰 말했다.

"참, 얼마 전에 만덕이 관아로 찾아온 적이 있소."

"아니, 무슨 일로요?"

양인
천인에 대칭되는 신분 계급. 과거를 봐서 관리로 나갈 수 있는 권리도 있고, 나라에 군역을 지고 세금을 낼 의무도 있다.

격쟁
왕이 행차할 때 징을 울리고 직접 나가 호소하는 제도. 글을 모르는 평민층이 주로 이 방법을 썼다. 양반은 문서로 호소하는 방법을 주로 썼다.

"단도직입 말하는데, 기적에서 제 이름을 빼 달라고 합니다."

"기적에서 빼 달라니요? 허허, 그렇게 안 보았는데 맹랑하기 짝이 없습니다. 기생은 천인이고, 양인*과는 엄연히 신분이 다른데 어찌 그런 말을 했을까요?"

"자신은 기생이 아니었다는 거요. 만약 서울에 살았다면 임금 앞에 나아가 격쟁*이라도 했을 거라 합니다."

"만덕이 임금 앞에 나가 탄원을 하겠다고 했다는 말씀이십니까?"

"그뿐이 아니오. 나라에서 종부 종모법을 버리고 노비 종모법으로 바꾼 것은 어쨌거나 나라에 세금을 내는 양인을 더 늘리기 위해서가 아니었냐고 묻습디다. 그러더니 자신은 양인으로 돌아가면 백성 된 의무를 다하고 어려운 이웃을 돕고 살겠다고 하질 않겠소?"

"만덕이 한낱 담장 밑에 핀 꽃으로 보이지 않는 까닭을 이제야 알 것 같습니다. 하지만 그게 어디 쉽게 되는 일입니까?"

하지만 판관은 무릎을 치며 연신 고개를 끄덕였다.

조선 시대 초기는 엄격한 신분 사회였다. 부모의 신분에 따라 자식에게도 신분이 세습되었다. 그러나 임진왜란과 병자호란을 겪은 뒤, 신분 제도는 흔들리기 시작했다. 돈 많은 양인층이 돈을 내고 양반이 될 수도 있었다. 점차 양반의 수는 늘었고, 나라에 세금을 내는 양인의 수는 줄었다. 나라에서는 세금을 거둬들이기 위해 양인을 늘리는 방법을 찾아냈는데, 그 가운데 하나가 노비 종모법이었다. 1731년에 정한 노비 종모법은 어머니의 신분에 따라 신분이 세습되는 것을 말한다. 부모 가운데 어느 한쪽이라도 노비이면 그 자식들은 모두 노비였던 종부 종모법에서 한 걸음 물러선 것이다.

며칠 뒤, 만덕은 다시 목사를 찾아갔다. 남들에게 방해를 받지 않고 말할 수 있는 늦은 밤이었다. 만덕은 차분차분 이야기를 풀어 나갔다.

"영감마님, 저의 아비는 김해 김가요, 어미는 고가입니다. 저희 4대조 조상까지도 내력을 다 말씀드릴 수 있습니다. 영감마님께서도 경오년 일들을 기억하시는지요? 그때 사람들은 굶어서 병들었고, 병들어 굶어 죽었습니다. 다행히 저는 병은 피했으나 당장 굶어 죽게 생겼습니다.

"결국 저의 오라비는 남의집살이로, 저는 설향의 집 부엌데기로 들어가 입이라도 살자고 했습니다. 저희 남매는 뿔뿔이 흩어지고."

만덕은 새삼 북받쳐 오르는 설움을 삼켰다. 경오년 일이라면 목사도 기억하고 있었다. 10여 년 전, 전국에 돌림병이 돌아 한바탕 난리를 겪은 해였다. 자식을 잃고 넋 나간 듯 앉아 있던 아낙네들, 부모를 잃고 길거리를 헤매던 아이들의 모습이 떠올랐다. 지옥이 따로 없었다. 목사는 만덕의 다음 말을 기다렸다.

"그때 뿔뿔이 흩어져서 겨우 목숨은 건지고 살아났습니다. 하지만 지내고 보니 이렇게 목숨을 잇고 살아온 게 오히려 부끄럽습니다. 차라리 그때 어미 아비를 따라 죽지 못한 게 한스럽고 원통할 따름입니다, 영감마님."

"네 오라비는 지금 어디서 무얼 하고 있느냐?"

"집으로 돌아와 부모님이 일구던 땅뙈기를 부쳐 근근이 입에 풀칠이나 하고 삽니다. 동생은 그때 고생이 너무 심했는지 집으로 돌아오고 얼마 되지 않아 죽고 말았습니다. 오라비랑 저는 해마다 부모님 기일을 잊지 않고 거친 곡식으로나마 상을 차려 제사를 모시고 있습니다. 정월 스무 날이 저희 아비 기일이고, 오월 아흐렛날이 어미 기일입니다."

"그렇다면 마을 사람들도 너희 집안 내력을 소상히 알고 있겠구나."

"그 난리를 같이 겪은 마을 사람들이라면 누구라도 다 알고 있지요."

"네가 기생이 된 것도?"

"부끄럽지만 제주의 기생으로 살아온 세월만도 5년이 넘습니다. 그동안 사람들은 저를 두고 제주의 명기니 뭐니 했지만 저는 맘속으로 제가 기생이란 생각을 하지 않았습니다. 저는 양가의 자식으로 기생이 되었으니, 이는 다만 한때의 곤욕이라 여겼을 뿐입니다. 영감마님, 부디 살피시어 다시금 양인으로 돌아가 살 수 있도록 하여 주십시오. 엎드려 탄원드립니다."

목사는 생각에 잠겼다. 하지만 이 일은 혼자 결정할 수 있는 일이 아니었다. 목사는 슬쩍 농으로 바꾸어 물었다.

"네가 이제 비단옷에 기름진 음식이 싫어진 게로구나?"

객주
조선 시대에 상업 거래를 하던 곳. 또는 객주에서 일하던 사람. 객주는 객상들이 거처할 곳을 마련해 주고, 물건을 보관해 주며, 물건을 거래하는 사이에 끼어 서로를 연결해 주기도 한다. 또한 맡아 놓은 물건을 팔아 주는 등 여러 가지 일을 해서 이문을 얻는다.

만덕은 얼굴을 들어 말했다.

"거친 옷을 입고, 입 안에 거미가 들어와서 줄을 친다 하더라도 스스로 일을 하며 사는 것이 기생이 되어 사는 것보다 낫습니다. 아무리 화려한 것들도 마음에 부끄러움이 있으면 빛이 나지 않는 법입니다. 저는 비록 배운 것 없으나 하늘을 우러러 부끄러움이 뭔지는 알고 있습니다. 한때 분별이 없어 기적에 오르는 걸 마다하지 못했으니 이것 또한 부끄러움입니다."

만덕의 눈에는 진실함이 배어 있었다.

"그래, 기생을 그만두면 무얼 해서 먹고살 작정이냐?"

목사는 허리를 세워 앉았다.

"제 나이 어리지 않고, 그동안 세상 물정도 많이 알았습니다. 그것을 밑천 삼아 객주*를 차릴까 합니다."

"오라비가 산다는 곳으로 가겠구나."

"아닙니다, 저는 배가 드나드는 포구로 나가 집을 지을 생각입니다. 집을 지을 동안만 어려서부터 저를 살펴 준 할미 집에 머물 생각이고요."

간절하지만 거침없는 만덕의 대답에 목사는 고개를

끄덕였다. 목사는 한유추 판관이 서울로 떠나기 전에 이 일을 매듭지어야겠다고 생각했다.

"알았다, 가서 기다리고 있어라."

목사의 대답은 오래 걸리지 않았다.

"여러 가지 사정을 살펴보니 만덕은 본디 양가의 자식임에 틀림없다. 그러므로 다시 양인으로 환원한다."

천신만고 끝에 만덕은 다시 양인이 되었다. 뛸 듯이 기쁜 한편으로 착잡한 마음도 들었다. 그토록 바라던 일이 이루어졌지만, 설향과 헤어질 생각을 하니 마음이 아팠다. 굶어 죽어 가던 만덕을 살려 준 건 설향이었다. 만덕은 눈물을 흘렸다. 설향은 만덕이 부럽기도 하고 안쓰럽기도 했다.

"만덕아, 그토록 바라더니 기어이 이루어 냈구나. 너에게 잘된 일이다. 좋은 일에 웬 눈물바람이냐? 쯧쯧, 그리 정이 많아서 어찌 험한 세상을 헤쳐 나갈까."

설향은 궤*를 열고 그동안 맡아 두었던 만덕의 돈을 꺼내 주었다.

"너도 겪어 알겠지만 세상은 그리 만만한 곳이 아니다. 그래도 네가 검소하고 자냥해서 푼푼이 모아 둔 돈이라도

궤
옷을 넣어 두거나 문서, 현금 등 다양한 물품을 넣던 다목적 가구. 방 한쪽에 놓아두고, 위에다 이불을 올려놓기도 한다.

있으니 그나마 다행이다. 자리 잡는 데 도움이 될 게다."
"이 은혜 잊지 않겠습니다."
"은혜는 무슨. 우리가 함께 산 세월이 어느덧 10년이 넘었구나. 이제 그만 일어나라. 그리고 만덕아, 언제든 나를 찾아오너라. 보고 싶어도 오고, 힘들어도 오고."
만덕은 설향에게 큰절을 올리고 물러 나왔다.

만덕은 짐을 꾸려서 설향의 집을 나섰다. 10여 년 전 찬바람 몰아치던 늦가을, 어린 만덕이 보퉁이 하나 들지 못하고 오들오들 떨며 들어섰던 바로 그 집이었다.

만덕은 마을로 돌아왔다. 대정 할머니는 맨발로 뛰어나왔다.

"우리 만덕이가 참말로 돌아온 건가?"
"네, 할머니. 목사 영감께서 저를 다시 양인으로 돌려주셨어요. 이제 저는 기생이 아니에요."
"그래, 이제야 됐구나. 아주 잘되었어."
"할머니, 아무리 힘들어도 제 힘으로 일하며 살 거예요. 그동안 생각했던 게 있어요. 조금 더 생각해 보고 시작할 거예요."

"그래야지. 어이구, 가여운 것. 네가 시절을 잘못 만나 그동안 별별 고생이 많았다."

자리에 누워서도 대정 할머니는 만덕의 볼을 쓸고 또 쓸었다. 만덕은 대정 할머니가 잠든 뒤에 살그머니 마당으로 나왔다. 돌담에 기대어 서려니 바람이 먼저 달려와 몸을 훑고 지나갔다. 만덕은 바람에 몸을 맡긴 채 앞으로 해 나갈 일을 곰곰 짚어 보았다.

스물을 훌쩍 넘긴 나이였지만 만덕은 혼인할 생각을 접었다. 한때나마 기생으로 살았으니 만덕이 바란다고 될 일도 아니었다. 혼인을 하자면 고작 남의 첩살이나 기웃거려야 할 판이었다. 만덕은 이제 다시는 어두운 날개 밑에 들어가 숨죽이며 살지는 않으리라, 스스로 날개를 펴고 세상에 나가 훨훨 날아 보리라 마음을 다잡았다. 그동안 기방에 나앉아 들여다본 세상이 만만한 것은 아니었으나, 두렵지도 않았다. 언제부턴가 포구는 뭍으로 들고 나는 길목으로 새롭게 떠오르고 있었다. 관아에서 쓰는 용품이나 설향의 집으로 들어오는 물건 가운데는 뭍에서 들여온 것들도 상당했다. 어디로든 길이 닿는 곳으로 물자와 사람들이 모여든다는 사실을 만덕은 놓치지 않았다.

그 무렵 조선은 상업 경제가 눈부시게 피어나던 때였다. 교통의 중심지인 포구마다 객주가 들어섰고, 마을마다 장이 열렸다. 사람들은 필요한 일상 용품을 직접 만들어 쓰는 대신 이곳에서 사서 쓰고, 남는 것은 내다 팔기도 하였다. 차츰 사람들 삶에는 변화된 생활이 자리를 잡아 갔다. 오랫동안 유교 이념에 따라 상업을 억누르고 농업 사회를 꿈꿔 왔던 조선 왕조도 시대의 흐름을 막지 못했다.

만덕은 생각하던 대로 포구에 객주를 차리고 평생 혼자 몸으로 살아가리라 마음먹었다. 날이 밝는 대로 포구로 나가 객주 터를 알아볼 참이었다. 만덕은 치맛자락을 단단히 여미어 잡았다. 까무룩 잠들었던 새벽별이 깨어나 푸르르 반짝였다.

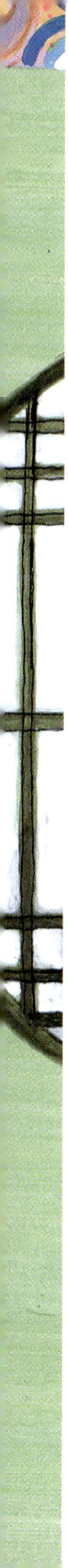

포구에 차린 객주

거간꾼
물건을 사고파는 사람들 사이에 들어 흥정을 붙이는 사람. 흥정이 성사되면 구전을 받아 이문을 챙긴다.

    만덕의 객주는 동쪽 성문 밖에 있었다. 객주 왼쪽으로는 한라산에서 내려오는 산지천이 흘렀고, 앞은 포구 너머로 망망한 바다가 펼쳐졌다. 포구는 들고 나는 배들로 북적거렸다. 배는 뭍에서 제주로, 제주에서 뭍으로 갖가지 물자를 실어 날랐다. 만덕의 객주는 언제나 상인과 거간꾼* 들로 왁자했다.
    만덕은 상인들에게 잠자리를 마련해 주는 것은 물론 창고에 물건을 보관해 주었다. 또한 이들이 가져오는 물건을 사고팔도록 중간에서 다리를 놓아 주었고, 상인의 물건을 맡아 두었다가 적당한 값에 팔아 주고 수수료를 받았다. 관기로 살 때 보고 들은 것들이 객주 일을 하는 데 많은 도움이 되었다. 만덕은 관가에서 쓰는 물품과 돈 많은 양반들의 일용품을 알고 있었다. 어느 때 어떤 물건이 필요한지 짐작하여 미리 마련했고, 마땅한 때 파니 값을 잘 받았다. 상인들은 다투어 만덕에게 물건을 맡겼다. 만덕의 객주는 서서히 자리를 잡아 갔다. 그리고 10여 년이 흐른 뒤, 만덕은 뭍의 상인들도 알아주는 제주의 큰 상인이 되었다.
    포구에 배가 닿았다. 전라도 나주에서 들어오는 제법 큰

배였다. 배에는 곡물을 담은 가마니며, 옷감, 지물*, 잡화 등 일용품을 담은 궤짝들이 실려 있었다. 사람들은 짐을 부리기 시작했다. 포구는 상인들이며 수레를 끌고 나온 말까지 한데 어울려 북새통이었다. 짐을 챙긴 상인들은 하나 둘 총총히 객주를 찾아 떠났다.

  사람들이 떠난 뒤에도 포구에 남아 있는 무리가 있었다. 청보와 두실이 이끌고 온 무리였다. 그들은 싣고 온 짐이 많아서 그걸 챙기는 데 시간이 걸렸다. 짐꾼들은 배에서 내린 곡식 섬을 수레에 싣기도 하고, 깨어질까 조심스러워 궤짝에 담아 온 것들은 등에 짊어지고서 떠날 채비를 했다. 그러는 동안 청보와 두실은 이리저리 포구를 둘러보았다. 포구에는 그들이 타고 온 배 말고도 여러 척이 묶여 있었다. 더러는 짐을 잔뜩 실어 놓은 배도 눈에 띄었다. 바람을 기다려 뭍으로 나갈 배였다.

  "예전보다 제주로 드나드는 배가 많아졌어."

  구레나룻이 덥수룩한 사내가 먼저 말을 꺼냈다. 두실이었다.

  "요즘 뭍에서도 제주 물건 보기가 그리 어렵지 않다

지물
종이류를 통틀어 이르는 말.

싶었는데 그럴 만도 했네. 저리들 실어 나르니."

청보는 배에서 눈을 떼지 않은 채 말했다. 깡마른 몸이 오히려 다부진 인상이었다.

"자, 그만 둘러보고 우리도 객주로 가 보세."

"그러세. 여보게들, 짐은 다 챙겼나? 아니 근데 어허, 원 저래 가지고서야 어디. 쯧쯧."

짐을 단속하느라 짐꾼들을 훑어보던 청보가 끌끌 혀를 차며 말했다. 짐꾼 무리에서 조금 떨어진 자리에서 들메가 토악질을 하고 있었다. 더 이상 토해 낼 것이 남아 있지 않았지만 토악질은 멈추지 않았다.

"아니, 아직까지도 멀미가 나는 모양이네. 딱해서 어쩌누."

안쓰러운 눈길로 들메를 바라보며 두실이 중얼거렸다. 토악질을 할 때마다 들메의 어깨는 고꾸라질 듯 휘어졌다.

"안 되겠네. 여보게들, 우리는 먼저 가세나. 들메야, 너는 좀 가라앉거든 뒤따라오너라."

청보는 매몰차게 휘적휘적 앞으로 나섰다. 그 뒤를 따라 주춤주춤 두실이 따라나섰고 이어 짐꾼들도 줄을 지어 걸어가기 시작했다. 찬바람이 그들 뒤로 세차게 따라붙었다.

그들은 잔뜩 웅크린 채 떠밀리듯 객주로 향했다.

  청보와 두실은 고향 친구로 장삿길에도 늘 같이 다니는 길동무였다. 두 사람은 오랜만에 제주에 오는 길이었다. 몇 년 전 제주로 가던 길에 배가 뒤집혀 죽다 살아난 뒤 바다라면 넌더리가 났다. 그들은 한동안 강원도로 함경도로 다니며 제주 근처엔 얼씬도 하지 않았다. 그런데 산길 백 리는 바닷길 십 리보다 훨씬 멀고 고달팠다. 뿐만 아니라 장사에서 얻는 이문도 바닷길에 견줄 만한 것이 못 되었다. 두 사람은 다시 제주로 발길을 돌렸다.

  "제주에 들어선 객주가 한두 집이 아니라더니 정말 몇 년 새 꽤 늘었는걸."

  청보의 말에 그들은 잠시 걸음을 멈추었다. 파도를 피한 자리에 객주가 웅기중기 모여 있었다. 두실이 만덕의 객주가 있던 자리를 가늠해 보며 말했다.

  "이왕이면 만덕의 객주로 들세. 거긴 갈 때마다 맞춤 쓸 만한 물건들을 고루 갖춰 놓았었지. 게다가 제주 객주로 만덕이 그 양반만 한 사람도 없었어."

  "자넨 무슨 소릴 못 들은 모양이군. 아까 배에서 저들끼리

쑥덕이는 소리를 잠깐 들었는데, 곡물 값을 잘 쳐주는 객주가 따로 있다고 하더구만. 그게 어딘지 물으니 안 가르쳐 줘. 곡물이 흔하면 제값을 못 받을까 봐 그럴 테지. 홍, 그런다고 내가 못 알아낼 줄 알고? 암튼 제주 곡물가가 좋다고 해서 맘먹고 나선 길이니 이참에 우리도 한밑천 단단히 잡아야지."

"그러니까 만덕의 객주로 가야지. 아니 할 말로 등짐장수나 겨우 면한 우리들에게도 그 양반은 괄시 한 번 안 했네. 은근슬쩍 저울 눈금 갖고 장난이나 치고, 조금 궁한 기색이라도 보이면 단번에 값을 후려치는 그런 객주들하고는 달랐어. 자네도 같이 겪어 보았으니 알 것 아닌가? 먼저 그리로 가 보세."

"간다고 무조건 넘길 일도 없고. 그럼 그러지. 만덕이 그 양반이 고향 까마귀는 아니어도 안면이나마 트고 지냈던 사이니 일단 가서 알아나 보세."

바람이 덥석덥석 목소리를 삼키고 달아나는 통에 두 사람은 큰 소리로 이야기를 주고받았다.

"그나저나 이놈의 바람 등쌀은 여전하구만. 이래서야 어디 사람이 살겠는가?"

청보가 흘러내리는 코를 휭 풀어 던졌다.

"여보게 청보, 자네는 이참에 뭘 가지고 나가려나?"

"글쎄, 요즘 나오는 제주 물건으로야 녹용*이 최고지. 돈 많은 양반님들 기운 추스르는 데는 녹용이 최고라고 너도나도 야단들이니 이번에 가져가면 한몫 톡톡히 챙길 텐데 말이야."

"녹용이야 아무나 못 먹는 것이니 임자만 잘 만나면 좋겠지. 나는 양태도 좀 가져가려네. 만덕의 객주에서 거간하는 양태는 믿을 만했지. 까다로운 객주들한테서도 그 집 양태 나쁘단 소린 못 들어 보았으니."

"그건 녹용도 마찬가지였어. 더구나 분골*이나 상대*는 쉽게 구할 수도 없는 상품인데 그 양반은 용케도 갖춰 놓았었지."

"어서 만덕의 객주로 가 보세. 그 양반한테 가면 분명히 물건들은 있을 텐데, 오랜만에 하는 걸음이라 우리한테까지 차지가 올지 모르겠네."

"하긴 그게 걱정이구만. 여보게들, 어서 가세. 이렇게

녹용
사슴의 뿔을 잘라 말린 한약재. 불로장생의 명약으로 조선 중기까지는 궁궐에서만 쓸 수 있는 약재였다. 중산간 지대에 사슴이 많이 살아서 녹용은 제주의 주요 공물 가운데 하나였다.

분골
사슴뿔의 윗부분을 잘라 말린 것. 조직이 치밀하고 노란색을 띤다. 녹용 중 가장 값이 나간다.

상대
분골의 바로 아래 부분으로 역시 조직이 치밀하고 색은 검붉다. 분골 다음으로 값이 좋다.

꾸물거릴 때가 아니야."

마음이 바빠진 청보가 짐꾼들을 재촉했다. 그들은 다시 바삐 걸음을 옮겼다.

만덕의 객주에 다다르자 청보는 다시 짐꾼들을 단속했다. 들메는 저만큼 뒤쳐져 오고 있었다. 따라잡으려 안간힘을 쓰는지 들메의 보퉁이가 출렁거렸다.

"그래도 따라오긴 하는구먼."

청보는 힐끗 돌아보더니 그대로 객주로 들어섰다.

만덕의 객주는 썰렁했다. 국 솥을 앉혀 놓은 불 앞에 계집애와 사내만 보일 뿐 정작 상인들은 보이지 않았다. 예전에는 좀처럼 보기 드문 일이었다. 청보와 두실은 잘못 찾아든 게 아닌가 싶었다.

"그새 주인이 바뀌었나? 그럴 리가 없는데……."

청보가 문간에서 두리번거리며 중얼거렸다. 고 서방이 청보의 말이 끝나기가 무섭게 문간으로 달려 나갔다.

"아이구, 손님, 어서들 오세요. 아하, 오늘은 누구라도 우리 객주에 들겠지 해서 국을 끓이고 있었더니, 하하. 잘들 오셨습니다. 어서 이리 들어와 앉으세요. 아이구, 저 수레에 가득 싣고 오신 건 곡물이 맞지요? 하하, 그럼 저건 창고에 갖다 쌓아 놓아야겠네. 아니 아니지, 무거울 테니 먼저 등짐부터 받아 놔야지. 아이구, 하하."

고 서방은 두서없이 수선스럽기만 했다. 허둥대는 고 서방을 찬찬히 살피던 두실이 덥석 고 서방의 손을 잡았다.

"여보게, 고 서방. 날세, 두실이. 그새 잊었는가?"

그제야 고 서방은 두실을 찬찬히 바라보았다. 구레나룻이 부글부글 얼굴선을 가렸지만 수더분한 인상은 예전 그대로였다.

"아이구, 누구신가 했습니다. 대체 얼마 만에 오시는 길입니까? 그동안 통 발걸음을 안 하셔서 장사 걷어치우고 어디 들어앉으셨나 했습니다."

고 서방이 두실의 손을 덥석 잡으며 반갑게 알은체를 했다.

"찾아오긴 잘 찾아왔구먼. 여보게들, 수레에 실린 짐은 그냥 두고 들어오게나. 여기 사정도 차차 봐야 할 테니."

청보가 짐꾼들에게 이르고는 객주 안으로 썩 들어섰다.

"고 서방, 우리도 얘기는 나중에 하고 먼저 저 짐부터 어떻게 하세나. 어디다 놓으면 되겠는가?"

"아이구, 내 정신 좀 봐. 짐부터 받는다는 게 여태 이러구 있었네. 이리로, 이리로 오세요."

고 서방은 객주 안쪽으로 그들을 이끌고 가면서도 이야기를 멈추지 않았다.

"그동안에도 죽 장사는 다니셨던 거지요?"

고 서방의 물음에 청보가 말을 받았다.

"어허허, 그럼. 우리야 사통팔달 발길 닿는 대로 좋은 물건 따라 떠돌아다니는 장사꾼 아닌가? 그동안 강원도로 어디로 험한 산길 좀 따라 다녔네. 운 좋으면 호랑이 가죽이나 만져 볼까 했더니 그런 건 코를 씻고 찾아봐도 없더구먼. 그래 다시 고 서방 생각도 나고 해서 이리 왔다네."

"아이구, 잘 오셨습니다."

"고 서방, 아이구 소리는 여전하구먼. 허허허, 그래 여기 객주 양반은 어디 가셨나?"

두실이 사람 좋게 웃으며 물었다.

그때 마침 만덕이 들어왔다.

"고 서방, 누가 왔는가? 마당에 웬 수레가 있네."

"객주 어른, 그간 잘 지내셨수?"
청보와 두실이 앞으로 나서며 인사를 건넸다.
"당신들이 웬일이오? 한 몇 년 얼굴을 안 비치길래 고기밥이 되었는 줄 알았더니."
"세월이 흘러도 괄괄한 입담은 여전하시우. 그 말씀에 오던 발길도 되돌아 나가겠수."
"허허허, 그러잖아도 예전에 제주로 오던 길에 배가 뒤집혀 다 죽다 살아났다우."
청보의 툴툴거림을 두실이 웃으며 받아넘겼다.
"이렇게 살아 돌아왔으니 불행 중 다행이오. 그건 그렇고 수레에 실린 게 곡물 맞소? 열 섬은 되어 보이던데."
"잘 보셨수. 모두 보리로만 열 섬이라우."
"그만하면 적지 않은 양이구려. 마침 잘되었소."
"근데 객주 어른, 예전에는 사람들로 바글바글하더니 오늘은 어째 객주가 썰렁하우. 그동안 무슨 일이라도 있었나 보우?"
청보가 만덕의 눈치를 살피며 물었다.
"사연이 길다오. 얘기는 차차 하고 우선 방으로

들어갑시다. 언 몸도 녹일 겸 요기부터 해야잖소?"
만덕이 앞장서서 방문을 열었다.
"아유, 아닌 게 아니라 몸이 아직도 으슬으슬 떨리우. 이놈의 제주 바람은 날카롭고 차갑기가 얼음 송곳 같아서 말이우."
청보가 몸을 부르르 떨었다.
"제주 바람이야 어제 오늘 부는 것도 아니고 탓할 게 무어 있겠소. 그저 지나는 바람이려니 하고 견디고 살아야지. 자, 어서 듭시다. 고 서방, 자네는 저기 저 사람들 떨고 섰게 하지 말고 어서 저쪽 방으로 들이게나. 그리고 애월아, 넌 어서 국밥을 내오너라. 손님들 시장하시겠다."
고 서방은 한쪽에 엉거주춤 서 있는 짐꾼들을 잡아끌었다.
"여보게들, 우리는 저 방으로 들어가세. 방이 설설 끓네. 거기 앉아서 뜨끈뜨끈한 국밥을 한술 뜨면 파도에 시달린 몸이 확 풀릴 걸세. 탁배기도 한잔 하고 말이야. 마침 아주 잘 익었네."
"내일은 밝는 대로 일이 많을 것이니 술들 너무 많이 마시지 말게나. 아참, 들메는 아직도 안 들어왔나?"

방으로 들어가다 말고 생각난 듯 청보가 말했다. 그때 마침 들메가 들어섰다. 커다란 보퉁이 때문에 들메는 더 작아 보였다. 청보는 들메가 짐을 메고 들어서는 걸 보고 방으로 들어갔다.

"아이쿠, 어린 총각 짐이 제법 크네. 이리 주게."

고 서방이 나서 들메의 짐을 받아 내렸다. 들메가 숨을 쉴 때마다 앙상한 어깨가 오르내렸다. 거친 숨을 감추려는 듯 들메는 팔등으로 이마에 흐르는 땀을 쓱 닦았다. 고 서방은 쌓아 놓은 궤짝 위에 들메의 짐을 쿵 내려놓았다.

"이 속에 뭐가 들어 있기에 이렇게 무겁나?"

"장신구하고 화장품이에요. 요즘 서울에서 양반 댁 마님들이나 기생 각시들에게 인기가 좋아 날개 돋친 듯 팔려 나가는 물건이래요."

"얼굴이 핼쑥하고 비리비리해서 젖 좀 더 먹고 와야 할 어린앤 줄 알았더니 말소리는 아주 야무지네. 허기사 뱃길 따라 여기까지 왔으니 그만하면 총각이지. 허허."

고 서방은 너털거리며 웃었다.

"오늘은 배 멀미가 심해서 그래요."

들메가 발끈했지만 목소리에는 힘이 없었다.

"허허허, 그럼. 뱃길에 시달리면 당해 낼 장사가 없지. 짐은 잘 두었으니 이제 너두 밥을 먹어야지. 모두들 밥 먹고 있으니 저 방으로 들어가거라. 허허허."

들메는 한달음에 방으로 들어가 짐꾼들 사이에 끼어 앉았다.

"국밥 좀 더 가져가라 불렀더니 벌써 사라지고 없어. 밥 소리만 듣고도 벌써 기운이 난 거냐? 허허허. 자, 여기 뜨끈한 국밥 왔다. 어서 먹어라."

고 서방이 들메 앞에 국밥을 놓아 주었다. 들메는 허겁지겁 국밥을 먹기 시작했다.

만덕의 방에서는 세 사람이 한참 이야기에 빠져 있었다. 만덕이 이야기를 하는 동안 청보와 두실은 숟가락도 놓은 채 듣고 있었다.

지난 가을 제주에는 흉년이 들었다. 가뜩이나 곡식이 귀한 섬에 흉년이 들면 가난한 사람들은 이듬해 봄보리가 날 때까지 곡물 구경하기가 힘들었다. 흉년이 들면 나라에서 곡식을 내려 굶주리는 사람들을 보살피기도 했지만 이번처럼 어지간한 흉년에는 그마저도 없었다. 사람들은 뭍의 상인들이 들여오는 곡물을 기웃거렸다. 빚이라도 내어 어떻게든 목숨은 이어 가야 했다. 만덕은 창고에 쌓아 두었던 곡물을 풀었다. 뭍의 상인들에게 사들인 것이었다. 우선 입에 풀칠이라도 해서 연명하고, 농사를 지어 갚으라 했다.

 그러는 틈틈이 만덕은 중산간 마을로 돌아다녔다. 뭍의 상인들에게 곡물을 더 받아들이기 위해선 질 좋은 양태*나 망건*, 갓, 녹용 등이 필요했다. 그런데 어쩐 일인지 물건이 나질 않았다. 만덕이 만나는 상인마다 후하게 값을 준다는 객주에다 벌써 물건을 넘겼다고 했다. 만덕은 번번이 헛걸음만 한 채 돌아왔다. 뿐만 아니라 만덕의 객주에 드나들던 상인들의 발길도 뜸했다. 그런데 알고 보니 모두들 차동만의 객주로 몰려들고 있었다. 차동만은 만덕의 객주가 잘된다는 사실을 알고 그 옆에다 객주를 차린 사람이었다.

 차동만은 흉년이 들자 곡물 끌어 모으기에 온 힘을 다했다. 곡물을 끌어들이기 위해선 만덕처럼 제주 물건이 필요했다. 차동만은 닥치는 대로 사들였다. 차동만의 창고는 녹용이며

양태
대오리로 만든 갓의 차양. 여기에 말총으로 짠 갓모자를 이어 붙이면 갓이 된다.

망건
상투를 틀 때 머리털을 걷어 올리기 위해 이마에 쓰는 것. 머리에 망건을 두르고 그 위에 탕건을 쓴다. 선비들은 집 안에서도 탕건을 쓰고 지냈고, 외출할 때는 탕건 위에 갓을 쓴다.

아전
조선 시대 지방관에 딸렸던 하급 관원. 현지 사정에 어두운 지방관이 그 지방 사정에 밝은 아전들에게 행정 실무를 맡기자, 이들은 지방관을 속이고 사사로이 욕심을 채우는 등 횡포가 심하였다. 백성들의 경제 생활을 크게 위협하여 조선 후기 각종 민란의 원인이 되었다.

양태, 갓 들로 빼곡했다. 이번에는 곡물을 사들일 차례였다. 차동만은 포구에 거간꾼들을 죽 깔았다. 질 좋은 녹용이나 양태를 내주고 곡물 값도 후하게 쳐서 준다고 뭍의 상인들을 꼬드겼다. 다른 데서는 물건을 구하기가 쉽지 않다는 것을 안 상인들은 차동만의 객주로 몰려갔다. 제주 녹용이나 양태는 가져가기만 하면 이문이 큰 상품이었다. 차동만의 창고엔 녹용이나 양태가 비고 그 자리에 차곡차곡 곡물이 쌓였다. 차동만은 때를 기다렸다.

그런데 시나브로 만덕의 창고가 비었다. 시장에는 더 이상 곡물이 나지 않았다. 겨우내 포구에 부린 곡물 더미는 간 곳이 없었다. 사람들은 굶주려 하나 둘 쓰러져 갔다. 사방이 바다로 둘러싸인 제주에선 다른 지방으로 구걸을 나갈 수도 없었다. 차동만이 창고에 곡물을 쌓아 놓고 있다는 소문이 퍼졌다. 만덕은 아차 싶었다. 하지만 차동만이 아무리 돈을 따르기로 사람 목숨을 놓고 장난질을 할 거라고는 생각하지 못했다.

얼마 뒤, 시장에 곡물이 나왔다. 곡물 값은 껑충 뛰어 부르는 게 값이었다. 하지만 사람들은 어쩔 수 없이 부르는 대로 줄 수밖에 없었다. 아전*들에게 뇌물을 바친 까닭에 아무도 차동만의 농간을 어쩌지 못했다. 차동만은 교활했다. 열 길 물속은 알아도 한 치 사람 속은 모른다더니 차동만을 두고 한 말이었다.

"굶주림의 고통이 무엇인지 나는 아오. 하늘이 노래지고 눈앞이 빙빙 돌면 차라리 마음이 편안해진다오. 곧 죽음이 멀지 않았구나, 이제는 더 이상 고통에 몸부림칠 일이 없겠구나 싶어서라오. 굶주림은 죽음보다 더한 고통이오. 그런데 그 자가 곡물을 가지고 농간을 부리다니, 사람의 탈을 쓰고 할 짓이 아니오."

만덕이 긴 이야기를 끝냈다. 청보가 입맛을 쩝쩝 다시며 말했다.

"아니, 그건 좀 심했구먼."

"그래서 이렇게 객주가 텅 비었나 보우. 아유, 몹쓸 사람들. 그깟 돈 몇 푼에 장사꾼이 신의를 저버리다니."

두실이 안타까운 듯 혀를 차며 말을 받았다. 세 사람은 한동안 말이 없었다. 한 잔 술에 곯아떨어진 짐꾼들 코 고는 소리가 방문을 넘어와 드르렁거렸다.

위유어사
조선 시대 천재지변이 있을 때 백성을 위로하려고 파견하던 임시 벼슬.

장계
감사나 왕명으로 지방에 파견된 벼슬아치가 글로 써서 올리던 보고.

만덕이 결연히 말했다.

"내일 관아로 목사 영감을 찾아갈 작정이오."

"무슨 꿍꿍이라도 있으신가 보우? 나는 관아라면 죄진 거 없어도 십 리 밖으로 줄행랑을 치고 싶던데."

"옛날부터 기근이 들면 나라에서 구호 곡을 내리고, 관리를 보내 지방관이 일을 잘하나 살피게 했소. 만약 소홀히 했다면 책임을 물어 엄히 꾸짖고 관직을 거두어들이기도 했소. 그리고 따로 위유어사*를 보내 굶주린 백성들의 마음을 어루만져 주기도 했소. 이곳 제주가 바다 넘어 외딴 섬이지만 역시 이 나라 땅이고 이 나라 백성임에 틀림없잖소?"

"그러고 보니 구호 곡도 있었네. 이만한 흉년이면 당연히 나라에서 곡식을 보내 줄 테니."

"아니오, 목사 영감께서는 조정에 구호 곡을 요청하는 장계*를 올리지 않으셨다 하오. 그러니 구호 곡은 아예 기대할 수도 없고."

"그러면 목사 영감을 만난들 무슨 소용이우?"

"우리 목사 영감께서는 사사로이 제 욕심만 채우는 분이 아니라 들었소. 이번 일은 아전들이 뇌물을 먹고 중간에서 농간을 부려 생긴 일이지. 하지만 목사 영감께서 실상을 아시면 달라질 거요. 일이 더 커지기 전에 목사 영감을 만나 사실을 알릴 작정이오."

"그 자가 곡물을 도둑질해서 파는 것도 아닌데 목사 영감이라고 뾰족한 수가 있겠수?"

"목사 영감께서 방법을 찾으실 게요. 나중에라도 이 사실이 조정에 알려지면 백성을 굶어 죽게 한 책임을 면하지 못할 테니까. 다행히 우리 객주에 오는 상인 가운데 서울까지 손 닿는 이도 여럿 있다오. 목사 영감께서는 그것도 잘 알고 계시지."

만덕의 눈빛이 단호했다.

"근데 말이우, 제주 사람들도 어리석기 짝이 없수. 십 년 가까이 거래한 집을 두고서 돈 몇 푼 더 벌자고 다른 데로 물건을 넘겼다니 말이우. 그러다 굶어 죽게 생겼으니, 이게 바로 제 꾀에 제가 넘어간 꼴이라지."

청보가 능치며 제주 사람을 흉잡고 늘어졌다.

"여기 사람들을 탓하면 안 되오. 흉년에 한 푼이 아쉬운 사람들 아니오? 제주 속담에 저녁거리 없는 놈은 도둑이 된다는 말이 있소. 그들이 도둑이 되지 않고 살기 위해선 당장 한 푼이라도 벌 수 있으면 벌어야 한다오. 그것도 자냥하는 셈이지."

청보와 두실은 뜨끔했다. 말은 그렇게 했지만 미리 사정을 알았다면 그들도 굳이 만덕의 집으로 찾아오지는 않았을 터였다. 두실이 눈길을 떨군 채 중얼거렸다.

"아무튼 이번 기근도 잘 넘겨야 할 텐데……."

"재난 앞에 죽어 가는 사람들에게 한다는 짓이 고작 제 주머니 채우기라니……. 나도 이문을 좇는 장사꾼이라지만 참, 하늘이 두렵소."

청보가 은근슬쩍 화제를 바꾸었다.

"방방곡곡 장터를 누비며 잔뼈가 굵은 사람이오만, 객주 양반 같은 사람 처음 본다우. 이팔청춘 애기씨마냥 고운 용모에, 아는 것 많겠다, 사리 분별 분명하겠다, 또 거기에 장부마냥 당차기까지 하니 누군들 당해 내겠수?"

"서당 개 삼 년이면 풍월을 읊는다는데, 나는 기생집 생활 십여 년에, 객주 생활 십여 년을 했잖소? 그동안 보고 들은 풍월일 뿐이지."

만덕이 씁쓸하게 웃으며 말했다. 두 사람은 도리어 머쓱해져 다 식은 국밥에 숟가락을 담갔다.

"지금은 밥숟가락 놓을 걱정 없이 그럭저럭 먹고 사오만, 나도 예전에는 배곯고 죽다 살아나길 여러 차례 겪었다오. 그러다 기적에 이름을 올리기까지 했고. 살아도 산 것이 아닌 세월이었소. 우리 할머니 말씀에 사람 목숨 토란 잎에 이슬 같다 하셨는데, 그땐 정말 그랬다오. 언제 굴러 떨어져 죽을지 알 수 없는 목숨이었으니……. 하지만 나는 죽지 않고 이렇게 살아남았소. 그건 다 주위에서 나를 살펴 준 손길이 있었기 때문이었지. 그들도 모두 어렵게 살아가는 처지였지만 기꺼이 목숨 같은 곡식을 나누어 주었다오. 피도 살도 섞이지 않은 나에게 말이오. 이제 나도 웬만큼 살게 되었는데, 그런데도 죽어 가는 사람들을 보고서 발만 동동 구르고 있자니 참으로 딱한 일이라오. 차동만의 농간을 미처 살피지 못한 내 불찰이지."

만덕은 길게 한숨을 내쉬었다. 두실은 숟가락만 들었다 놓았다 할 뿐 입으로 가져가지 못했다.

포구에 차린 객주 | 85

"저런, 시장한 사람들 앞에 놓고 사설이 길었나 보오. 내 마음이 어찌나 심란하던지 그만……. 밥이 다 식었구려. 다시 들이라 할 테니 조금만 기다리시오."

만덕이 방문을 열고 국밥을 다시 데워 들이라 일렀다. 국밥을 들고 온 건 들메였다. 저녁을 먹고 애월 곁에서 맴돌다가 대신 심부름을 온 것이었다. 만덕은 들메를 찬찬히 보았다. 볼수록 만재가 생각났다. 만재가 죽을 때도 저만한 나이였다. 들메가 나가자 만덕이 물었다.

"저 아이도 데리고 다니는 아이오? 험한 장삿길에 따라나서긴 아직 어린 것 같은데."

"그래서 골치라우. 강원도 산골 마을에서 오다 가다 만난 아인데, 어쩌다 여기까지 데려왔다우. 허긴 저도 부모 잃고 떠도는 신세, 밥이라도 안 굶으려 따라나선 것일 테지만. 이번 뱃길에서는 멀미를 어찌나 하던지 원. 저런 앨 데리고 다시 돌아갈 일도 큰일이라우. 그 몸으로 짐 간수나 제대로 할 수 있으려나 모르겠고."

청보가 인상을 찡그리며 늘어놓았다. 못마땅한 기색이 역력했다.

"그래도 제 딴에는 혹시라도 떼어 놓으면 어쩔까 싶은지 힘든 내색 안 하려고 무척 애쓰더구먼. 다니다 보면 차차 익숙해질 걸세."

"흥, 자넨 사람이 너무 물러서 탈이야. 인정이야 그렇지만 그게 어디 인정으로 될 일인가?"

청보는 콧방귀를 뀌며 틀어 앉았다. 두실이 들메를 두둔하고 나섰지만 속으로는 그도 걱정이었다. 등짐이라도 하나 잃어버리면 그것도 큰 낭패였다. 두실은 무어라 대꾸를 못 하고 어물쩡 입맛만 다셨다.

"그렇담 나에게 맡겨 주는 건 어떻겠소? 마침 심부름할 아이가 필요하던 참이었는데."

만덕이 관심을 보이자 청보는 언제 그랬냐 싶게 딴청을 피웠다.

"그래도 쟤가 눈썰미도 좋고 똘똘해서 데리고 다니면 한 사람 몫은 단단히 한다우. 다만 나이가 좀 어려서 그렇지 몇 년 데리고 있으면 꽤 쓸 만한 일꾼이 될 거요."

"창고에 녹용이 좀 있소. 연한 뿔을 잘라 말린 것이라 흔한 녹각*하고는 견줄 수도 없지. 조직이 치밀하고 냄새도 없는

녹각
사슴의 뿔이지만 딱딱하게 굳어서 떨어진 것을 썰어 말린 것. 녹용보다 약효가 떨어진다.

게 아주 좋은 상품이라오. 아무나 만지는 물건이 아니라 마땅한 임자가 나타나길 기다렸는데, 그것 다 내어 드리리다. 대신 그 아이를 내게 맡기고 또 당신들이 갖고 온 곡물을 다 내게 넘기시오. 곡물 값은 시세대로 쳐 주겠소."

청보는 그제야 마지못한 듯 그러자 했다. 벌어지는 입을 감추기라도 하듯 미어지게 국밥을 퍼 넣는 청보를 만덕은 말없이 바라보았다.

만덕은 차동만의 일을 매조지는 대로 이리저리 궁리만 해 오던 일을 벌이기로 마음먹었다. 그것은 배를 사서 부리는 일이었다. 앉아서 들어오는 배만 기다리다간 제때에 필요한 물건을 얻기 힘들었다. 또한 이번처럼 누군가 농간이라도 부린다면 손써 볼 새 없이 더 큰일을 당할 수도 있었다. 하지만 직접 배를 부린다면 모두 해결될 문제였다. 내가고 들여오는 때를 마음대로 조정할 수 있으니 그건 객주로서 큰 힘이었다.

얼마 뒤, 만덕은 그동안 모아 놓은 돈을 털어 배를 한 척 샀다. 어느 한순간 풍랑에 배가 가라앉아 버릴지도 모르는 큰 모험이었다. 하지만 만덕은 마음먹은 대로 일을 밀고 나갔다.

포구에 차린 객주 | 89

여자는 바다를 건널 수 없다

동백꽃이 뚝뚝 떨어졌다. 한겨울 눈바람 속에서도 붉게 꽃을 피우더니 건듯 이는 봄바람에 속절없이 졌다. 멀리서 보면 마치 동백나무 아래 불긋불긋한 자리를 깔아 놓은 것 같았다. 만덕은 동백꽃이 좋았다. 시린 눈 속에 꽃을 피운 고결함이 좋았고, 통째로 뚝 떨어져 죽는 서러움이 아름다웠다.

"들메야, 좀 쉬었다 가자. 여기 동백이 참 좋구나."

만덕은 동백나무 아래 앉았다. 떨어져 누운 꽃잎이 아직 붉었다. 들메는 보퉁이만 내려놓고 비켜서서 꽃잎을 툭툭 건드렸다.

"이게 무슨 꽃인 줄 아느냐?"

"동백꽃이 아닌가요? 우리 고향에서는 보지 못했는데 여기 와서는 아주 흔하게 보았습니다."

들메가 돌아보며 말했다.

"그래? 그렇기도 하겠구나. 금강산에 다녀온 사람들이 말하기를 강원도는 3월에도 눈이 쌓여 몹시 춥다 하였으니."

"예, 거긴 추위도 일찍 찾아오는 데다 갈 때는 또

늑장이어서 겨울이 아주 깁니다. 그러다 보니 먹을 것도
귀하고. 그래서 겨울나기가 여간 어려운 게 아니었습니다."

"어디나 먹고사는 게 고달픈 문제로구나."

"예."

들메는 고개를 돌려 먼 하늘을 바라보았다. 쓸쓸함이
묻어나는 눈길이었다.

"들메야, 네 나이가 몇이나 되었더라?"

"스물세 살입니다."

"벌써 그렇게 되었구나. 세월이 유수와 같다더니."

들메는 멋쩍은 듯 씩 웃었다. 부모가 있다면 혼사를 서두를
나이였다. 그러고 보니 들메에게 튼실한 사내 꼴이 난 지도 꽤
되었다는 데 생각이 미쳤다. 들메는 한 해 두 해 나이를 먹어
가며 성실하고 차분한 청년이 되어 갔다. 경솔하게 나서지
않았고, 얕은꾀로 사람을 속이는 일이 없었다. 만덕은 물건을
보러 나다닐 때마다 들메를 데리고 다니며 하나하나 일을
가르쳤다. 꼼꼼히 일을 배우는 들메를 보면 든든했지만 정작
들메의 혼사에 대해서는 미처 생각을 못했다.

"들메야, 이번에 중산간 마을에서 양태나 망건만 보고 올

게 아니라 네 색싯감도 찾아봐야겠구나. 망건이나 양태를 짜는 걸 보면 보나마나 다들 부지런하고 솜씨도 뛰어난 처자들일 테니."

"아닙니다. 저는 아직 배워야 할 게 많습니다."

"일은 장가가서 배워도 늦지 않아. 네가 오고 그 이듬해였던가, 애월이 짝으로 양 서방을 데려왔던 때가. 아무튼 그때 양 서방 나이가 지금 네 나이쯤이었을 거다. 그런데 지금껏 애가 없어 걱정이다만 일 배우는 데는 아무 문제가 없었지."

양 서방은 애월이 신랑감으로 만덕이 데려온 사내였다. 양 서방은 만덕의 집에 와서 일을 배우기 시작했는데 눈치도 빠르고 몸놀림도 재서 금방 일을 익혔다. 사내가 붙임성도 좋아서 상인들과도 잘 지냈다. 다만 욕심이 많은 게 흠이라면 흠이었다. 일을 맡을 때나 남하고 경쟁이 붙으면 지나치게 욕심을 부려 오히려 일을 그르칠 때가 가끔 있었다. 하지만 만덕은 크게 마음 쓰지 않았다. 양 서방이 나이를 먹어 가며 스스로 깨달으면 별 문제가 없으리라 여겼다. 세상은 제 욕심만 채우고 사는 곳이 아니란 걸 알리라 믿었다.

들메는 더 말이 없었다. 동백나무 사이로 바람이
빠져나갔다. 만덕은 오소소 소름이 돋았다. 봄볕은 받으면
따갑고, 비켜서면 금세 한기가 들었다.

"그만 가자. 그 문제는 내가 알아서 하고, 가는 길에 대정
할머니 산소에 잠깐 들러야겠다. 겨울바람에 산소가
온전한지도 둘러볼 겸."

대정 할머니는 5년 전 겨울에 세상을 떠났다. 바람결에
동백 꽃잎 지듯 대정 할머니는 조용히 숨을 거두었다. 만덕은
대정 할머니 산소를 볕바른 언덕에 모셨다. 그리고 오랫동안
슬픔에서 헤어나지 못했다. 만덕의 뒤에서 그림자처럼 보살펴
주던 대정 할머니의 빈자리가 너무도 컸다. 조글조글한 대정
할머니 얼굴이 떠오르기도 했고, 조곤조곤 이르던 목소리도
들리는 듯싶었다. 만덕은 성 안으로 들며 날 때 대정 할머니
산소를 찾아보았다. 산소에 돋아난 풀도 뽑고 비바람에 파인
흙도 돋워 다졌다.

만덕은 다시 들메를 앞세우고 중산간 마을로 들어섰다.
집집마다 갓이며 양태를 만드느라 바빴다. 이 일은 섬세하고
손이 많이 가는 일이라 주로 여자들이 했다. 여자들은

말총
말의 갈기나 꼬리의 털.

망건이나 양태를 짜다가 일이 고되다 싶으면 노래를 부르기도 했다. 만덕과 들메도 중산간 마을에 들어서면 곧잘 흥얼거리는 노랫소리를 들을 수 있었다.

> 나 동침아 나 동침아(내 바늘아, 내 바늘아)
> 서월 놈의 술잔 돌 듯(서울 사람 술잔 돌아가듯)
> 어서 한정 돌아가라(어서 빨리 돌아가라)
> 이 양태로 큰 집 사곡(이 양태로 큰 집 사고)
> 이 양태로 큰 밭 사곡(이 양태로 큰 밭 사고)
> 늙은 부미 공양하곡(늙은 부모 공양하고)
> 일가 방상 고적하곡(일가친척 장지에 떡 부조하고)
> 이웃사촌 부주하게(이웃사촌 부조하세)

만덕은 마을을 돌며 상인들에게 질 좋은 양태나 망건을 사들였다. 이렇게 한 번씩 걸음을 하면서 들메는 자연스럽게 물건 보는 눈을 키울 수 있었다.

"들메야, 양반들이 쌀 한 섬을 주고도 사는 것이 갓이다. 제주 말총*으로 만든 갓은 때가 잘 타지 않고 탄력이 좋아서 잘 구겨지지도 않기 때문에 상품으로 치지. 올이 고르고 모양이 삐뚤지 않은가 잘 보아라."

갓은 갓모자와 양태로 만들었다. 원통형으로 된 갓의 윗부분이 갓모자인데, 이것은 말총으로 만들었다. 갓의 아래 넓은 차양은 양태라 하는데, 댓가지를 가늘게 쪼갠 대오리로 만들었다. 이 둘을 이어서 붙이면 갓이 되었다. 양반들은 좋은 갓을 보면 탐을 내고 사들였다.

"이번에는 제법 많이 모았는걸요."

"그래, 이만하면 물건도 아주 좋구. 그리고 네 색싯감 이야기도 여기저기 넣어 놓았으니 곧 좋은 소식이 오겠지."

들메는 씩 웃을 뿐 더 말이 없었다.

"이 물건들은 잘 두었다가 가을에 뭍으로 내야겠다. 가을에는 추수가 끝나고 돈이 흔해지는 때니 값을 잘 받을 수 있을 것이다. 물건이란 들고 나는 때를 잘 맞춰야 제값을 받는 법이다."

가을이 되어 만덕은 양 서방을 뭍으로 보냈다. 양태며 말총, 약초 들을 한 배 실어 보내며 돌아오는 길에는 나주에 들러 곡물을 사 오라고 일렀다. 가을에는 좋은 값에 곡물을 살 수 있어 되도록 많은 양을 들이도록 했다. 그리고 좋은 비단이나 지물이 보이면 그것도 알아서 들여오라고 얼마간의 돈까지 챙겨 주었다. 만덕은 양 서방에게 일도 가르칠 겸 들메도 데리고 가라고 했다. 양 서방은 갖가지 핑계를 대며 굳이 혼자 가겠다고 했다. 만덕은 고개를 갸웃했지만 그뿐, 짐꾼들만 딸리어 양 서방을 보냈다. 그런데 돌아오기로 한 날짜에 양 서방이 돌아오지 않았다.

만덕의 객주는 푼돈으로 구전이나 얻어먹는 곳이 아니었다. 거래 규모도 컸고, 따라서 만지는 돈의 액수도 상당했다. 뭍으로 나가 하는 일도 마찬가지여서 사람을 믿지 않으면 못 할 일이었다.

보름이 지나고 달포가 되었지만 양 서방은 감감무소식이었다. 바다는 잔잔했고, 하늘 또한 맑았다. 만덕은 날마다 바다를 바라보았다. 햇살이 물결 위로 누우면 바람이 달려가 물결을 뒤집었고, 햇살은 다시 일어나 조르르 물결을 탔다. 덩달아 흥이 난 물결은 짙푸른 바다 위에 은비늘 금비늘을 쏟아 내었다. 반짝이는 바다에 귀를 대면 까르르 까르르 웃음소리가 들릴 듯했다. 하지만 바다는 하늘과

맞닿은 곳에서 가뭇없이 사라졌다. 밤이 되면 만덕은 객주로 돌아왔다. 만덕은 할 말을 잃었다.

"제가 그때 따라나설 걸 그랬습니다."

들메는 제 잘못인 양 어쩔 줄 몰라했다.

"속이려 작정하고 나선 사람을 어린 네가 따라간들 어찌 막을 수 있었겠니? 공연히 속 태우지 마라."

"월해금법만 없었다면 이런 일도 없었을 텐데요. 왜 하필 여자만 못 나가게 했는지 모르겠습니다."

들메가 분통을 터뜨렸다.

"야속하기는 했지만 그래도 나라의 법이거니 여기고 살았는데, 이렇게까지 내 발목을 잡아당길 줄이야. 제주에서 여자로 날 바엔 차라리 소로 태어나는 게 낫다고들 하더니만 그 말이 맞는 건지……. 들메야, 한 번도 그런 생각 안 했는데, 이번 일을 당하고 보니 여자로 태어난 게 한스럽구나. 방 안에 앉아 있어도 천 길 물속에 가라앉은 듯 가슴이 답답하니."

아무것도 보이지 않는 듯 만덕의 시선이 허공에 떠 있었다. 하지만 주먹을 그러쥔 만덕의 손등 위에선 퍼렇게 솟은 힘줄이 꿈틀거렸다. 제주 여자는 바다를 건너 뭍으로 나갈 수 없었다. 뭍의 남자와 혼인할 수도 없었고, 뭍으로 옮겨 가서 살 수도 없었다. 나라에서 월해금법으로 제주 여자를 옴짝달싹 못하게 묶어 놓았기 때문이었다. 그런데 그건 척박한 제주 환경이 만든 것이기도 했다. 제주 사람들은 조금이라도 나은 땅을 찾아 뭍으로 떠나갔다. 계속해서 사람들의 발길이 이어졌고, 나중에는 제주를 지키는 최소한의 병력마저 부족했다. 임진왜란 전까지는 부족한 병력을 뭍에서 보충하여 주었지만 그 후에는 그마저도 없었다. 제주에서는 병력을 채우기 위해 처자들까지 동원하였다. 제주의 인구가 줄어드는 걸 우려한 조정에서는 제주에서 뭍으로 옮겨 가는 걸 금지하기에 이르렀다. 여자는 바다를 건널 수 없다는 월해금법은 그렇게 만들어졌다. 그리고 그것은 제주 여자들이 벗어날 수 없는 굴레가 되었다.

아무도 큰 소리로 말하지 않았다. 만덕은 할 일만 지시할 뿐 양 서방에 대한 이야기를 꺼내지 않았다. 만덕은 후회스러웠다. 욕심 앞에 속절없이 무너질 수 있는 게 사람이다. 그리고 양 서방이 욕심이 넘치는 사람이란 것도

알고 있었다. 그런데도 양 서방을 유혹의 늪에 빠져들도록
두었다. 만덕은 애월을 볼 때마다 죄를 진 마음이었다. 그런데
애월은 얼굴도 들지 못하고 구석으로 몸을 숨겼다. 양 서방이
아무 말도 없이 떠났는데, 애월이 죄인처럼 죽어지냈다.
만덕은 구석에서 눈물을 훔치는 애월을 볼 때마다 가슴이
무너져 내렸다. 차라리 양 서방이 애월을 데리고 나가지 않은
것이 원망스러웠다. 하지만 그것도 부질없는 생각이었다.
애월은 제주 여자였다. 양 서방이 돌아오지 않는 한 애월이
남편을 만날 길은 없었다. 회오리처럼 치밀어 오르는 후회와
분노가 만덕의 가슴을 갈가리 찢어 놓았다. 펄떡펄떡 활기가
넘치던 객주에 서늘한 정적만 돌았다.

"어르신, 저, 드릴 말씀이 있어서 왔습니다."

가느다란 목소리가 방문 밖에서 떨고 있었다. 만덕은
애월이 온 것을 알았다. 깊은 밤이었다. 만덕은 바들바들 몸을
떠는 애월을 아랫목에 끌어 앉혔다. 퀭한 애월의 눈에서
눈물이 주르륵 흘렀다. 애월은 비집고 나오는 울음을 밀어
넣으려 안간힘을 썼다.

"울어라, 참지 말고 울어라, 이 불쌍한 것아. 네게 무슨

죄가 있다고 울지도 못한단 말이냐? 죄라면 나나 너나 제주에서 여자로 태어난 죄밖에 없다. 여기 제주 땅에 두 손 두 발 모두 꽁꽁 묶였는데, 펄펄 날아 뭍으로 달아나는 사람을 막을 수가 있겠니? 쫓아가 잡을 수가 있겠니?"

한번 터진 애월의 울음은 막을 길이 없었다. 만덕은 애월이 실컷 울게 두었다. 애월의 울음이 흐느낌으로 잦아들자 만덕은 입을 떼었다.

"애월아, 내 말을 잘 들어라. 너는 잘못한 게 없다. 죄인이 아니야, 오히려 상처를 위로받을 사람이지. 더 이상 죽어지내지 마라. 전처럼 일도 열심히 하고 웃기도 하고 그렇게 살아야 한다. 알겠니? 잃은 재물이야 다시 채울 수도 있겠지만 한 번 잃은 목숨은 되살릴 수 없잖느냐? 나는 생때 같은 네 목숨이 더 걱정이다. 딴 생각 말고 우리 전처럼 서로 믿고 의지하며 살아가자."

하지만 애월의 눈물은 그치지 않았다. 만덕은 가만가만 이야기를 이어 갔다.

"내가 너보다 더 어렸을 때 일이다. 졸지에 부모 잃고 먹을 게 없어 기생집으로 가게 되었지. 누굴 원망할 수도 없었고,

또 원망한다 한들 달라질 것도 없었지. 그런데도 하염없이 눈물이 나더구나. 적막강산에 홀로 버려진 듯 외롭고 서러워 울고 또 울었지. 그런데 너도 알지? 우리 대정 할머니 말이다. 난 그 어른을 잊을 수가 없구나. 아무튼 그때 대정 할머니가 내 손을 잡고 이렇게 말씀하셨지. 지붕에도 마루가 있고 사람 사는 데도 마루가 있다고. 그렇지만 그것을 견뎌 내고 이겨 내면 언젠가는 좋은 날이 온다고 하셨지. 그때는 그저 날 위로하려고 하시는 말씀이거니 했는데 살아갈수록 그게 아니더구나. 애월아, 지금 네 앞을 막고 선 마루가 아무리 높아 보여도 넘고 나면 별것 아니다. 그리고 양 서방은 잊어버려라. 기다려도 다시 올 사람이 아닌 것 같다. 그리고 지금처럼 자냥하며 살면 못 살 것도 없지. 우리 마음 단단히 먹고 살아 보자. 나도 이제 그 일은 깨끗이 잊어버릴란다."

"고맙습니다. 이 은혜 잊지 않겠습니다, 어르신."

애월이 나간 뒤 만덕은 자리에 누웠다. 애월이 흐느끼던 모습이 자꾸만 생각났다. 여섯 살 때 부모 잃고 혼자 된 애월을 만덕이 데려다 키웠다. 애월은 심성이 고운 아이였다.

말수가 적었지만 언제나 웃는 얼굴이었다. 그리고 자냥하며 사는 게 몸에 배어 밥풀 하나 버리지 않았다. 그런 아이가 상처로 만신창이가 되었다. 만덕은 길게 한숨을 쉬었다. 만덕은 애월의 상처가 아물 시간이 필요하다는 것을 알았다. 상처는 덧나고 딱지가 져서 흉터를 남기고서야 아물 터였다. 그리고 애월은 그 흉터를 가슴 밑바닥에 가라앉히고 평생을 살 것이었다.

양 서방은 돌아오지 않았다. 두 달쯤 지났을 때 양 서방에게 딸려 보냈던 짐꾼 서넛만 거지꼴이 되어 돌아왔다. 양 서방이 쥐도 새도 모르게 떠나는 바람에 그들은 오도 가도 못하고 뭍에 남겨졌다. 양 서방은 객주에 머물 동안 숙식비는 물론 뱃삯마저 남기지 않고 떠났다. 짐꾼들은 객주에서 허드렛일을 해 주고 겨우 뱃삯을 마련해서 제주로 돌아올 수 있었.

"고생들 많았네. 며칠 푹 쉬고 나와서 다시 일을 도와주게. 그리고 이제부터는 누구라도 양 서방 이야기를 꺼내어 들추지 말게. 믿었던 사람을 잃은 게 가슴 아프지만 이미 다 지난 일이네."

만덕은 짐꾼들에게 원래 약속한 것보다 많은 돈을 줘서

보냈다. 짐꾼들이 돌아오자 그들의 식구들은 죽었다 살아온 사람 맞듯 반겼다. 기쁨에 들뜬 그들을 보면서 애월은 아무 내색도 하지 않았다. 양 서방의 소식을 묻지도 않고, 묵묵히 제 할 일만 했다.

만덕은 양 서방이 했던 일을 들메에게 맡겼다. 들메는 착실히 일을 해냈고, 객주는 서서히 제자리를 잡아 갔다. 만덕은 중산간 마을인 조천에서 참한 처자를 데려와 들메의 짝으로 맺어 주었다. 들메의 색시는 얼마 뒤 아들을 낳고 조천댁이라 불렸다. 만덕은 들메에게 해라 대신 하게 말로 높여 주었다. 양 서방의 일은 차츰 옛날 일로 묻혀 갔고, 만덕의 객주는 예전처럼 북적이며 활기를 찾았다.

"어르신, 짐을 다 실었습니다. 마침 동남풍이 불고 파도도 잔잔해서 오늘 밤에 떠나는 게 좋겠습니다."

제주 뱃길은 바람에 달렸다. 순풍을 맞으면 아침에 떠나서 저녁에 도달할 수도 있지만, 그렇지 못하면 억센 매의 날개를 가졌다 해도 건너지 못할 길이었다.

"자네가 그렇다면 그리 해야지. 이제 뱃길에도 훤한 장사꾼이 다 되었네. 처음 제주에 올 때는 영영 배를 못 탈

갈옷
무명에 풋감 물을 들여서 만든 제주의 옷. 질기고 바람도 잘 통해서 일할 때 입는 옷으로 아주 좋다.

줄 알았더니만. 자네도 그때가 생각나는가?"

만덕이 웃음기 띤 얼굴로 말했다. 들메는 머리를 긁적이며 웃기만 했다.

"그래, 조심해서 다녀오게. 그리고 이번에 들여올 물건들은 특별히 잘 살펴야 하네. 모두 안에서 쓰는 물건들이니 작은 부분도 소홀히 넘겨선 안 되지."

"예, 잘 살펴서 보겠습니다."

"자네도 알겠지만 비단은 결이 곱고 빛이 은은해야 좋은 물건이라네. 거간꾼의 말만 듣지 말고 자네가 직접 물건을 보게."

만덕은 몇 번이나 당부를 했다. 안에서 쓰는 물품들은 대개 몸을 꾸밀 때 쓰는 것들이어서 값이 나가도 좋은 물건을 원했다. 돈 있는 안방마님들이나 기생들은 그런 데다 돈 쓰는 걸 아까워하지 않았다.

하지만 만덕은 이런 물건들로 제 몸을 치장하는 일이 없었다. 제주의 큰 상인이란 소리를 들은 지 꽤 되었지만 만덕의 생활은 소박하기 그지없었다. 비단옷을 입기는커녕 갈옷*을 입고 지내기 일쑤였다. 머리에는 기름을 바르지 않았고, 신 또한 초신*을 즐겨 신었다. 쌀밥에 고기반찬을 못 먹을 형편이 아니었지만, 밥상에는 늘 보리밥에 푸성귀 반찬 두어 가지였다. 만덕은 자냥하며 살았다. 왜 그렇게 검소하게 사냐고 궁금해 하는 이들에게 만덕은 늘 말했다.

"있을 때 자냥해야지 없으면 자냥할 것도 없다."

초신
짚신을 가리키는 제주의 말.

소금으로 절여진 들녘

장령
조선 시대 사헌부의 정4품 관직. 사헌부는 정사를 비판하고 벼슬아치의 잘못을 가려내어 백성의 억울함을 다스리던 관청이다. 따라서 여기에 소속된 관리는 자기의 소신을 굽히지 않고 올곧게 말할 수 있는 강직한 성품을 가진 젊은이가 임명되었다.

    재난이 들이닥친 건 정조 16년(1792년) 겨울부터였다. 그해 제주에서는 심한 흉작으로 가을이 되어도 거둬들일 곡식이 없었다. 근근이 끼니를 이어 갔지만 쌀독은 겨울이 채 오기 전에 바닥을 드러냈다. 관아에서는 굶주리는 사람들에게 구호 곡을 나눠 주었다. 하지만 그 수가 워낙 많아서 미처 손길이 닿지 못한 사람들은 죽었다. 풀뿌리를 캐어 먹고 바다풀을 건져 먹었지만 그것들로 목숨을 버티기가 힘들었다. 엎친 데 덮친 격으로 다음 해에도 흉년이 이어졌다. 8월에 태풍이 불어서 낟알 한 톨 구경할 수 없는 지경에 이르렀다. 죽음의 그림자에 가려 한 치 앞도 내다볼 수 없었다.

    그때 조정에는 제주 출신 장령* 강봉서의 상소가 날아들었다. 제주 목사 이철운의 비리를 고발하는 내용이었다. 극심한 흉년으로 목사 이철운이 조정에 조 일만 석을 요청하자 정조는 그대로 구호 곡을 보냈다. 어사를 딸려 보내면 민폐가 될 것이라 염려하여 구호 곡 운송을 목사에게 맡겼다. 그런데 이철운이 구호 곡을 사사로운 욕심을 채우는 데 썼다는 것이었다. 어처구니없는 일이었다. 재난에서 사람들을 구해 내는 일에 온 힘을 쏟아야 할 목사가 그런 짓을 하는 것은 있을 수도 없는 일이었다. 조정에서는 심낙수를 위유어사로 삼아 제주로 보냈다. 위유어사는 재난으로 피폐해진 사람들의 마음을 다독이기 위해 도과*를 베풀고 이철운을 귀양 보냈다. 정조는 제주 목사 자리에 심낙수를 앉혔다.

하지만 사람들은 여전히 배를 곯았다. 만덕은 객주 앞에 솥을 내어 걸고 죽을 끓였다.

"며칠씩 굶은 사람이 갑자기 뜨거운 음식을 먹으면 탈이 나서 죽는다. 그러니 밤에 미리 죽을 끓여 두었다가 다음 날에 나눠 주어라."

만덕의 객주로 마을 사람들이 몰려들었다. 시래기에 곡식 몇 줌을 넣어 끓인 멀건 죽이었지만 굶주린 사람들은 감지덕지 먹었다. 하지만 만덕의 객주라고 곡식이 화수분*에서 솟아나는 것은 아니었다. 뱃길이 막히면 곡물을 실어 올 길이 없으니 아낄 수 있는 만큼 아껴야 했다.

굶주린 사람들이 송진을 벗겨 먹고 칡을 캐어 먹어서 들에도 먹을 것이 말라 버렸다. 그때, 들메는 도토리를 생각해 냈다. 옛날부터 뭍에서는 집집마다 흉년에 대비하여 도토리를

도과
조선 시대에, 각 도의 감사에게 명하여 지역 현지에서 실시하던 특수한 과거이다.

화수분
안에다 물건을 넣어 두면 새끼를 쳐서 끝없이 나오는 보물단지. 재물이 자꾸 생겨서 아무리 써도 줄지 않음을 이르는 말이다.

모아 두었다. 도토리를 물에 담가 쓴맛을 우려내고 가루를 내어 죽을 끓여 먹으면 얼마간 굶주림을 면할 수 있었다.

"우리 고향에서는 사람 농사가 흉년이면 짐승 농사가 풍년이고, 짐승 농사가 흉년이면 사람 농사가 풍년이라고 했습니다. 이태째 사람 농사가 흉년이니 제가 산에 가서 도토리를 찾아보고 오겠습니다. 어쩌면 도토리가 잘 영글었을지도 모르니까요."

산으로 올라간 들메는 반나절 만에 돌아왔다. 자루에 담은 도토리가 서너 되는 되어 보였다.

"자네가 참 좋은 생각을 해냈네. 사람들에게도 알려 줘야겠구만."

만덕은 죽을 먹고 조금이라도 기운을 차린 사람들에게 도토리를 주우라고 말했다. 아직 산에 눈이 덮이지 않아서 다행이었다. 봄이 오고 보리가 여물 때까지 무엇이든 먹고 살아야 했다.

정조 18년(1794년, 갑인년) 봄에는 보리농사가 그럭저럭 되었다. 보리를 거둔 사람들은 다시 가을 농사에 매달렸다. 지긋지긋한 흉년에서 벗어날 기대에 부풀었다. 그러나 시련은

끝이 아니었다. 알알이 맺힌 곡식이 여물어 가던 8월, 제주에는 또다시 태풍이 몰아닥쳤다. 태풍은 모든 것을 집어삼킬 듯 거셌다. 기와를 던지고 돌멩이를 날렸다. 회오리바람에 나뭇잎 날리듯 농작물은 갈가리 찢기어 나갔다. 바닷물까지 덮쳐서 들녘은 마치 소금에 절여 놓은 배추 같았다. 태풍이 지나간 뒤 온 섬은 비로 쓸어 버린 듯 아무것도 남은 게 없었다. 팔구십 세 노인들은 계사년(숙종 39년, 1713년) 재난 뒤로 처음 닥친 일이라고 고개를 절레절레 흔들었다.

   계사년 재난은 사람들이 두고두고 이야기할 만큼 엄청난 재앙이었다. 전국에 걸쳐 일 년 내내 계속되었는데, 그해 들판은 아무것도 키워 내지 못했고 수많은 사람이 목숨을 잃었다. 재난은 때 아닌 이상 기온으로 시작되었다. 5월 초에 황해도에 우박이 내리고, 평안도 강계에선 개천이 얼어붙어 며칠 동안 녹지 않았다. 경기도 여주와 전라도 보성에도 서리가 내렸다. 사람들은 씨앗을 뿌릴 시기를 놓쳤다고 안달했지만 그건 시작일 뿐이었다. 잠깐 여름이 오고 추위가 물러가는가 싶었더니 이번에는 가뭄이 찾아들었다. 나라에서

장계
왕명을 받고 지방에 나가 있는 신하가 자기 관하의 중요한 일을 왕에게 보고하던 일. 또는 보고 문서.

기우제를 지냈지만 소용없는 일이었다. 비 한 방울 없는 하늘은 사람들의 속을 태우고 들판을 태웠다. 그렇게 쭉정이만 시들어 가는 가을 들판에 때 이른 추위가 들이닥쳤다. 그러더니 입동이 지난 하늘에서는 천둥 번개가 치고 우박이 쏟아졌다. 전라도 영광, 경기도 부평 등 바닷가 마을에서는 땅까지 요동치며 들고일어나 지진이 나고 해일이 덮쳤다. 제주도 마찬가지로 그해 내내 이상 기온에 시달렸다. 춥고 가물더니 9월에는 태풍이 불어 닥쳤다. 성난 파도가 덮친 들판은 쑥대밭이 되었다. 수많은 사람이 죽고, 소와 말 4백여 필도 죽었다. 그리고 이때 무너진 집이 2천여 호나 되었다. 사람들은 그저 넋을 잃었다.

목사 심낙수는 조정에 구호 곡을 청하는 장계*를 올렸다. 만약 곡식 2만여 석을 보내지 않으면 제주 사람들은 모두 죽게 될 것이라는 비장한 내용이었다. 조정에서는 장계를 놓고 논의에 들어갔다. 제주 목사가 요청한 곡식 2만여 석은 전례가 없는 양이었다. 계사년 재난 때 쌀 1만 석을 보낸 것에 견주어도 턱없이 많았다. 대신들은 이번에도 계사년에 걸맞은 양을 보내야 한다는 의견이었다. 조금 더하고 덜한 차이일 뿐 풍족하게 못 먹기는 어디나 마찬가지라는 이유였다.

영중추부사 이병모는 쌀과 보리, 조를 합하여 1만 석을 전라 감사에게 시켜 보내되, 10월까지 5천 석을 보내고 나머지는 다음 해 봄에 보내자고 말했다. 정조는 여러 의견을 들은 뒤 명령을 내렸다.

"제주 목사의 장계를 보니 제주 백성의 참혹한 재난이 불쌍하다. 수많은 백성이 오로지 구호 곡에 매달려 있다. 그야말로 얻으면 살고 얻지 못하면 죽는다는 말이 절실하다. 뭍의 백성들은 다른 곳으로 옮겨 사는 길도 있지만 제주 백성은 그 길마저 없으니 무엇으로 살겠는가? 섬과 뭍의 형편을 같이 놓고 볼 수는 없다. 그러니 제주 백성을 구하는 게 무엇보다 급하다. 비록 2만 석을 보내 준 전례가 없다 하더라도 절반으로 깎아 내리는 것은 차마 못 할 일이다. 제주 백성들이 목이 타도록 기다리고 있는 처지를 생각하면 마음이 편치 않다. 영중추부사가 아뢴 대로 전라 감사에게 일러 가을에 먼저 곡식을 보내고 나머지는 내년 봄에 마저 보내도록 하라."

정조는 또한 전라 감사에게 향과 제문을 내려 보내어 해신제를 지내도록 명령하였다. 전라 감사는 전라도 마을에서 구호 곡을 마련하여 새로 부임하는 이우현 목사 편에 제주로 보냈다. 구호 곡의 도착이 늦지 않아 사람들은 간신히 죽을 고비를 넘겼다. 갑인년 흉년이 숨 가쁘게 지나가는 순간이었다.

그러나 나머지 구호 곡이 오기로 된 이듬해(1795년) 윤 2월, 제주에는 또다시 청천벽력 같은 소식이 날아들었다. 구호 곡을 싣고 오던 배 다섯 척이 풍랑에 휩쓸려 바다 밑으로 가라앉았다는 것이었다.

옛날에 제주를 삼재의 섬이라 일컫는 말이 있었다.

"산이 높고 골짜기가 깊으니 수재요, 돌이 많고 토질이 박하니 한재요, 사면이 큰 바다이니 풍재라."

비가 오면 비 오는 대로, 가물면 가문 대로, 바람이 불면 부는 대로 고통을 겪는 제주를 두고 한 말이었다. 어쨌든 제주는 유난히 흉년이 잦은 곳이긴 했지만 이렇게 연이어서 재난이 몰려드는 일은 드물었다. 당장 넘어야 할 보릿고개 앞에서 사람들은 죽을 날만 기다렸다. 4년 간 내리 흉년이

들었으니 제주에 먹을 것이 남아 있을 리 없었다. 목사 이우현은 이러한 사실을 적어 장계를 올렸다.

목사의 장계를 받은 정조는 깜짝 놀랐다.

"제주에는 다시 1만 1천 석의 곡물을 보내야 백성들이 굶주림에서 벗어날 수 있을 텐데 수송선이 침몰하였다니 참으로 어이가 없다."

나라에서 내린 구호 곡을 받는 일도 제주에선 하늘의 뜻에 달린 일이었다. 사람들은 살가죽이 누렇게 부어올랐고, 마침내 죽어 갔다. 제주를 뒤덮은 죽음의 그림자는 깊고 참혹했다.

곡식 오백 석

간신히 목숨을 이어 온 사람들은 실낱 같은 희망으로 구호
곡을 기다렸다. 하지만 구호 곡이 다시 온다는 소식은 없고,
차마 눈 뜨고 보지 못할 일들이 계속해서 일어났다.

"어르신, 객주 앞에 쓰러져 죽은 사람이 또 있습니다."

"조금만 참고 견딜 일이지 저승길이 무어 그리 급하다고
서둘러 간단 말이냐. 불쌍한 사람이다. 잘 묻어 주어라."

만덕의 객주에는 소문을 듣고 먼 곳에서 찾아오는 사람들이
많아졌다. 곡기가 조금이라도 들어간 죽을 얻어먹기
위해서였다. 그런데 만덕의 객주 앞까지 와서 쓰러져 죽는
사람도 있었다. 먼 길을 오느라 기력이 다한 탓이었다. 만덕은
안타까웠다.

"사람의 목숨이 하늘에 달렸다고 하지만 하는 데까지 해
봐야 하지 않겠느냐? 솥을 하나 더 내어 걸어라."

애월과 조천댁이 밤낮으로 죽을 끓였지만 몰려드는
사람들을 당해 내기 힘들었다. 만덕도 팔을 걷고 죽 솥 앞에
붙어 섰다. 바가지도 가지고 오지 못하는 사람들에겐 그릇을
내어 죽을 담아 주었다. 어른 아이 할 것 없이 죽 한 그릇을
바라고 이어지는 행렬은 밤낮을 가리지 않았다.

"어르신, 어르신. 또 큰일이 났습니다. 어린애가 쓰러져 있는데, 아직 숨은 붙어 있다 합니다."

잠깐 눈을 붙이려고 누웠던 만덕은 애월의 소리에 벌떡 일어났다.

"어르신, 어찌할까요? 곧 숨이 넘어가게 생겼답니다."

"어서 이리로 데려오라 해라. 애월이는 따뜻한 물이랑 죽을 좀 챙겨 오고."

고 서방이 안고 들어온 아이는 초점 없는 눈만 멀뚱했다. 목조차 가누지 못했고, 얼굴은 누렇게 부어 있었다. 아랫목에 눕히자 아이는 스르르 눈을 감았다. 따스한 기운에 배고픔도 잊은 듯했다.

"어르신, 죽을 가져왔습니다."

만덕은 아이를 안아 무릎에 눕히고 숟가락을 들었다.

"얘야, 눈을 떠 보아라. 눈을 뜨고 따뜻한 국물을 좀 먹어 보아라."

아이는 힘겹게 눈꺼풀을 밀어 올렸다. 숟가락을 보는 눈에 번쩍 생기가 도는가 싶더니 이내 눈을 감았다. 만덕은 아이가 살아날 수 없다는 것을 알았다. 너무 늦었다. 그걸 알면서도 만덕은 아이의 입에 국물을 떠 넣었다. 국물이 그대로 흘러내렸다.

"먹고 기운을 차려야지, 애야. 눈을 뜨고 한 모금이라도 삼켜 보려무나."

만덕이 조근조근 아이를 달랬다.

"어서 일어나서 어머니도 보고 아버지도 보고……. 그렇게 살아야 하지 않겠니?"

아이가 입술을 움찔했지만 여전히 눈을 뜨지는 못했다.

"그래, 그럼 먼저 한숨 자고 일어나서 먹으려무나. 죽은 여기 잘 놔둘 테니 아무 걱정 하지 말고 편히 자려무나."

만덕은 아이를 품에 안고 다독였다.

자랑 자랑 왕이 자랑(자장 자장 왕아 자장)
저레 가는 검둥개야(저리 가는 검둥개야)
이레 오는 검둥개야(이리 오는 검둥개야)
우리 애기 재와 도라(우리 아기 재워 다오)
느네 애기 재와 주마(너희 아기 재워 주마)
아니 아니 재와 주민(아니 아니 재워 주면)

질긴 질긴 총 - 배로(질기디질긴 밧줄로)

손모가리 발모가리(손목이랑 발목이랑)

걸려 매곡 걸려 매영(꽁꽁 묶고 또 묶어서)

짚은 짚은 천지소에(깊고 깊은 웅덩이에)

뱁 난 날은 드리치곡(볕 난 날엔 빠뜨리고)

비 온 날은 내치키여(비 온 날엔 내놓을 거야)

아이는 만덕의 품에서 마지막 숨을 거두었다. 만덕은 넋을 놓은 채 아이를 안고 있었다. 아이의 팔이 만덕의 무릎 아래로 툭 떨어졌다. 뼈마디만 앙상한 손이었다. 굶주림의 고통에서 벗어났지만 아이의 몸은 이제 싸늘하게 식어 갈 것이었다.

"아이구, 어르신. 이제 그만 아이를……."

고 서방이 만덕 앞으로 비척비척 다가섰다.

"고 서방, 이 아이를 볕 바른 곳에 묻어 주게. 그리고 애월아, 너는 고 서방에게 따뜻한 밥 한 그릇 담아 주어라. 아이를 묻을 때 같이 넣어 주도록……."

만덕의 목소리는 깊이 가라앉아 있었다. 고 서방은 벌게진 눈시울을 실룩이며 아이를 안고 나갔다. 주섬주섬 그릇을 챙겨 나가는 애월의 눈가도 젖었다.

만덕은 앉아서 밤을 지새웠다. 여태 살아오며 어려운 이웃을 보고 나 몰라라 하지 않았다. 그리고 양인으로 돌아가면 어려운 이웃을 돕고 살겠다고 했던 약속은 이미 지키고도 남았다. 만덕은 할 만큼 다 했다고 생각했다. 그런데 물 한 모금 넘기지 못하고 죽어 가던 아이가 자꾸 떠올랐다. 무덤 속에 따뜻한 밥을 넣어 준들 굶어 죽은 그 아이는 다시 살아나지 못할 것이다. 가난 구제는 나라도 못 한다고, 할 만큼은 했다고 생각했지만, 만덕은 죽어 가던 아이의 모습을 떨쳐 버릴 수가 없었다. 아이의 모습 뒤로 처참하게 굶어 죽어 가는 숱한 목숨들이 겹쳐졌다. 눈 뜨고 볼 수 없는 모습들, 그건 만덕의 모습이기도 했다. 죽어 가는 목숨을 놓고 더 이상 망설일 일이 아니었다. 만덕은 궤를 열었다. 그리고 평생 모아 온 돈을 모두 꺼냈다. 들메를 뭍으로 보내 곡식을 들여올 생각이었다. 서둘러야 했다.

"어르신, 그럼 다녀오겠습니다."

"자네만 믿네. 조심해서 잘 다녀오게."

만덕은 포구에서 멀어지는 배를 바라보았다. 들메에게

경험이 많은 사람들을 딸려 보냈지만 만덕은 마음이 초조했다. 뱃길은 포구에 닻을 내려야 비로소 안심할 수 있는 길이었다.

배는 열흘 만에 돌아왔다. 바닷가 마을을 돌며 마련한 곡식 오백 석을 싣고 제주 포구에 무사히 닻을 내렸다.

"하늘이 불쌍한 목숨들을 살리라고 도우셨네. 모두들 무사히 돌아와 줘서 고맙네. 들메, 자네가 고생 많았네."

"마침 서북풍이 불어와서 돌아오는 길이 수월했습니다."

들메가 환한 얼굴로 대답했다. 만덕은 일일이 사공들에게 고맙다는 인사를 했다. 애월에게 상을 잘 차려 사공들을 대접하라 일렀다.

"고 서방은 저쪽에 따로 오십 석을 쌓아 놓게. 그것은 여기서 이웃 친지들과 나누어 먹을 걸세. 그리고 들메는 나머지 사백오십 석을 관아로 실어 가게. 뱃길 나들이에 힘들겠지만 한시가 급하니 서둘러야지."

이때 관에서는 구호 곡이 도착하지 않아서 애가 타고 있었다. 마침 전 현감 고한록이 삼백 석을, 장교* 홍삼필과 유학* 양성범이 각각 일백 석을 내놓아 위급한 사정을 넘기고

장교
조선 시대 각 군영이나 지방 관아에 속하여 있던 군관이다. 이들은 군사를 통솔하였고, 풍속을 해치거나 부정한 사실이 있는지 조사해서 찾아내는 일도 했다.

유학
벼슬을 하지 않은 유생을 말한다. 과거에 급제하여 벼슬에 나갈 때까지 생업에 종사하지 않았고 책만 읽었다. 양인이나 천민과 다르게 특별한 대우를 받았으며, 서울은 성균관 및 사학에, 지방은 향교에 이름을 올려야 유학으로 인정되었다.

있었지만, 굶주리는 사람들은 점점 늘어만 갔다.

"영감마님, 동문 밖 객주 김만덕이 곡식 사백오십 석을 보내 왔습니다. 구호 곡으로 내놓는 것이라 합니다."

"객주 만덕이 곡식을, 그것도 사백오십 석이나 구호 곡으로 보내왔단 말이냐?"

목사 이우현은 너무 놀라 되물었다. 만덕이 객주에서 죽을 끓여 사람들에게 나눠 준다는 소문을 목사도 들었다. 그런데 또 이렇게 많은 곡식을 내놓으리라고 상상도 못 했다. 곡식 사백오십 석은 굶어서 죽어 가는 사람 천여 명을 살려 낼 수 있는 양이었다.

"예, 영감마님. 만덕이 뭍에서 들여온 곡식이랍니다."

"세상에 더없이 값진 곡식이구나. 만덕이 참으로 아름다운 사람이구나."

목사의 놀라움이 감탄으로 이어졌다.

"영감마님, 어찌할까요?"

목사는 곧바로 굶주린 사람들을 관아로 불러 모았다. 구름처럼 몰려든 사람들은 관청 마당에 쌓인 곡식을 보고 기뻐 어쩔 줄 몰랐다. 목사는 사람들에게 김만덕이 구호 곡을 내놓은 사실을 말했다.

"이 곡식은 동문 밖 객주 김만덕이 천금을 내어 마련한 것이다. 받아 가서 굶주림을 면하도록 하여라."

목사는 심하게 부황*이 든 사람이나 어린이, 노인들에게 먼저 곡식을 나누어 주었다. 그리고 형편이 나은 사람과 그렇지 못한 사람을 구별하여 공평하게 나누어 주었다. 때맞춰 내놓은 구호 곡 덕분에 사람들이 목숨을 건졌다.

"저승 문턱 넘어가는데 만덕이 와서 구해 주었네."

"아무렴, 나도 조금만 늦었어도 다신 밝은 세상 못 볼 뻔했네."

"우리 목숨을 만덕이 살렸네. 만덕이 우리 생명의 은인일세."

살아난 사람들은 만덕에게 고마워하며 생명의 은인이라 여겼다. 만덕은 기운을 차린 사람들을 보니 고맙고 또 고마운 마음이 들었다. 목숨보다 귀한 것은 없었다.

그해 봄, 다행히 보리농사가 잘되었고, 어렵게 보릿고개를 넘긴 사람들은 한시름 놓았다. 4년 동안 제주를 덮쳤던 재난이 그렇게 끝났다.

부황
오래 굶어서 살가죽이 누렇게 부어오르는 병.

구호를 끝낸 목사는 조정에 장계를 올렸다. 구호를 끝낸 사실과 아울러 전 현감 고한록이 삼백 석을, 장교 홍삼필과 유학 양성범이 각각 백 석을 구호 곡으로 내놓은 사실을 알렸다.

"제주에서 내놓은 백 석은 뭍에서의 천 포와 맞먹는다."

정조는 칭찬하며 그들에게 각각 벼슬을 내렸다.

이우현의 뒤를 이어 유사모가 제주 목사로 왔다. 목사 유사모는 만덕이 전 재산을 내어 죽어 가는 사람들을 살려 낸 사실을 알고 크게 감동했다. 평생 혼자 살며 이룬 재산을 남을 위해 내놓는 일은 아무나 할 수 있는 일이 아니었다. 더러 남자들은 이런 일을 하고 벼슬을 받거나 땅을 받거나 했지만 여자인 만덕은 그런 것도 기대하지 않았다. 사심 없이 어려움에 빠진 이웃을 도운 것이었다. 목사는 그 사실을 자세히 써서 조정에 알렸다.

정조는 감동했다.

"만덕에게 소원을 물어서 그것이 무엇이든 특별히 들어주어라."

정조의 뜻을 받은 목사는 만덕에게 소원을 물었다.

"다른 소원은 없습니다. 오로지 서울에 올라가 임금이
계시는 궁궐을 우러러 뵙고, 그리고 금강산 일만 이천 봉을
둘러보는 것이 소원입니다."

만덕은 주저 없이 말했다. 바다를 건너 뭍에 가는 것은 꿈도 꾸지 못할 일이었다. 하지만 만덕은 사람들에게 금강산 이야기를 들을 때면 골골이 빼어나다는 그 산을 마음속에 그려 보곤 했다. 금강산의 웅장하고 화려함은 철마다 다른 이름으로 불리는 것으로도 알 수 있었다. 봄에는 맑고 투명한 금강석처럼 빛난다 해서 금강산이요, 여름에는 삼신산* 가운데 하나인 봉래산, 가을에는 타는 듯 피어나는 단풍으로 물결치니 풍악산으로, 그리고 겨울에는 이도 저도 다 떨군 채 앙상한 뼈대를 드러낸다 하여 개골산이라 불렀다. 만덕은 갈 수만 있다면 꼭 한 번 가서 수려한 산세를 보고 싶었다.

정조는 기꺼이 만덕의 소원을 들어주었다.

"만덕이 서울로 올라오는 길에 조금도 불편함이 없도록
해라. 역마다 말을 내주고 먹고 자는 것도 잘 살펴 주어라."

만덕은 기뻤다. 그때 만덕의 나이는 쉰여덟, 정조 20년 (1796년, 병진년)이었다.

삼신산
중국 전설에서, 신선이 산다는 세 산. 봉래산, 방장산, 영주산.

채제공
1720년(숙종 46년)~
1799년(정조 23년).
조선 후기의
문신이다. 호는 번암.
23세 때 문과에
급제하여 관직 생활을
시작하였다. 정조에게
신임을 받아 우의정,
좌의정을 거쳐
영의정을 지냈다.
수필집으로 〈번암집〉
59권이 전한다.

선혜청
조선 시대 대동미,
대동포, 대동전의
출납을 맡아보던 관아.
나라의 살림을 맡아서
하던 곳.

만덕이 서울에 도착한 것은 9월 중순이었다. 제주를 떠나고 스무 날 만이었다. 만덕은 먼저 좌의정 채제공*을 찾아갔다.

"임금님의 은혜를 입고 제주에서 올라온 김만덕입니다."

채제공은 만덕을 따뜻하게 맞아 주었다.

"먼 길 오느라 고생이 많았다. 재난에 빠진 백성을 구해 내는 데 큰 힘을 썼다는 제주 목사의 장계를 받아 보시고 임금께서도 기뻐하셨다. 이제 궁궐에 들어가 임금께 네가 도착한 사실을 아뢸 것이니 너는 여기서 편히 쉬고 있어라."

정조는 만덕의 도착 소식을 듣고 반가워했다. 그리고 선혜청*에 일러 만덕이 서울에 있는 동안 부족함이 없도록 다달이 먹을 것을 대어 주라고 명령했다. 며칠 뒤 정조는 만덕에게 의녀 반수 벼슬을 내렸다. 의녀 반수는 내의원 의녀 가운데 수석 의녀를 말했다. 하지만 이것은 만덕에게 궁궐에 들어갈 자격을 주려고 내린 벼슬이었다.

만덕은 궁궐 예법을 익혔고, 선혜청에서는 곧바로 궁궐에 입고 들어갈 옷을 마련해 주었다. 드디어 만덕은 채제공을 따라 궁궐로 들어갔다. 푸른 하늘 아래 펼쳐진 궁궐은 크고 아름다웠다. 만덕은 하나도 놓치지 않으려는 듯 두루 살펴보았다. 채제공은 만덕이 뒤쳐지면 모른 체 걸음을 늦추어 주기도 했다.

만덕은 편전*에 들어갔다. 정조는 만덕을 반기어 맞았다.

"여자의 몸으로 귀중한 목숨을 살려 냈으니 참으로 기특하다. 사람을 생각하는 마음이 의롭고 기특하기 그지없구나."

"마땅히 해야 할 일이었습니다. 그런데 이렇게 칭찬을 하시니 오히려 몸 둘 바를 모르겠습니다."

만덕은 머리를 조아리며 말했다. 정조는 만덕을 가까이 부르더니 손목을 덥석 잡았다.

"그래, 이 손이 죽어 가는 목숨을 구해 낸 바로 그 손이로구나. 장하다."

거듭되는 정조의 칭찬에 만덕은 정말 몸 둘 바를 몰랐다. 정조는 껄껄 웃으며 만덕의 손목을 놓았다. 그리고 만덕에게 많은 상을 내렸다.

궁궐에서 물러 나온 만덕은 구름 위를 걷는 기분이었다. 임금을 만났고, 거기에 임금의 칭찬까지 받았으니 더없는

편전
임금이 평소에 살던 궁전.

이가환
1742(영조 18년)~
1801(순조 1년).
조선 후기의 문신이다.
호는 금대. 천주교인
이승훈의 외숙이다.
형조 판서를 지냈으나
주문모 신부의 입국
사건에 연루되어
좌천되기도 했다.
순조 1년 신유사옥 때
이승훈·권철신 등과
함께 순교하였다.
저서로는
〈금대유고〉가 있다.

영광이었다. 사람의 목숨을 살리려 했던 일이 이렇게 큰 영광으로 돌아오니 한없이 기뻤다.

이제 한 가지 소원은 이루었고, 남은 것은 금강산 구경이었다. 그러나 어느새 10월로 접어들어 금강산 구경은 다음 해 봄으로 미루었다. 만덕은 그동안 서울에 머물며 이곳저곳을 구경했다.

그런데 장안에는 만덕의 소문이 파다하게 퍼졌다. 제주 객주 김만덕이 돈을 많이 벌었고, 그 돈으로 죽어 가는 사람들의 목숨을 살려 냈다는 소문이었다. 더구나 만덕이 결혼도 하지 않은 여자라는 사실이 사람들의 호기심을 자극했다. 사람들은 만덕을 한번 만나 보고 싶어했다. 상인들은 물론이었고, 벼슬이 높은 사람이나 선비 들까지도 그러했다. 그리고 이 가운데는 만덕을 칭송하며 찬시를 지어 주는 사람들도 있었다. 병조 판서 이가환*도 만덕의 선행을 노래했는데, 거기에서 만덕을 진나라의 여회청대에 견주기도 했다. 진나라 시황제 때 '청'이라는 과부가 조상 대대로 해 오던 일로 재산을 모으고 정절을 지켰다. 사람들은 그를 가리켜 정숙한 부인이라 일컬으며 누각을 세우고 이를 여회청대라 하였다는 이야기에서 따온 말이었다.

　서울은 제주보다 추운 날씨였지만 만덕은 추운 줄도 모르고 겨울을 났다.

　봄이 되어 만덕은 꿈에 그리던 금강산으로 떠났다. 듣던 대로 금강산은 장엄하고 화려했다. 하늘 높이 솟은 일만 이천 봉의 기개도 기개이려니와 골짜기를 흐르다 모이고, 모였다 흐르는 물줄기도 수정 같았다. 까마득한 절벽 아래로 떨어지는 폭포들은 숨이 멎을 듯한 장관이었다. 발길 닿는 어느 곳이나 새롭고 놀라운 풍경이었다. 사찰이나 불상도 만덕은 처음 보았다. 만덕이 태어나기 전 1702년에, 제주 목사 이형상이 사찰을 모두 불태웠기 때문이었다. 그전에는 제주에 사찰도 많고 신당도 많았다. 온갖 재난에 시달려 온 사람들은 신당을 차려 놓고 제를 올리거나 사찰에 가서 기도를 하며 매달렸다. 그렇게나마 나쁜 일이 비껴가기를 빌었다. 하지만 유교를 국가의 통치 이념으로 삼은 나라에서는 그것마저 허락하지 않았다. 만덕은 불상을 만나면 정성을 다하여 예를 올리고 공양도 했다. 안문령을 넘고 유점을 거쳐 고성으로 내려갔다. 삼일포에서 배를 타고 다시 통천에 가서 총석정에 오르니 멀리 동해가 보였다. 바다를 보니 만덕은 고향 생각이 났다. 어느덧 제주를 떠나온 지 반년이 훌쩍 지났다. 만덕은 금강산을 가슴에 새겨 넣고 서울로 돌아왔다.

떠나면 그리운 게 고향이었다. 만덕은 돌담을 지나는 바람 소리가 그리웠고, 한라산 마루에 걸쳐진 구름이 그리웠다. 파도 이는 소리도 가까이 들리는 듯 그리웠다. 며칠을 쉰 뒤 만덕은 제주로 돌아갈 채비를 마쳤다.

만덕은 서울에 있는 동안 여러모로 살펴 준 채제공을 찾아가 작별 인사를 했다. 이별을 앞두고 나이 일흔여덟의 재상을 보니 만덕은 고마운 마음과 다시 볼 수 없다는 안타까움에 목이 메었다.

"이제 살아서는 다시 상공의 얼굴을 뵐 수 없겠습니다."
"진나라 시황제나 한나라 무제는 모두 바다 밖에 삼신산이 있다고 하였다. 그런데 사람들이 우리나라 한라산의 다른 이름이 곧 영주산이요, 금강산은 봉래산이라 하였다. 너는 제주에서 태어났으니 한라산에 올라 백록담의 물을 마셨을 테고, 이제 금강산도 두루 구경하였으니 삼신산 중에

둘이나 구경하였다. 이것은 세상에 수많은 남자들도 하지 못한 일이다. 이렇게 장한 일을 한 사람이 작별한다고 어린아이처럼 울어서야 되겠느냐?"

채제공은 웃으며 만덕을 달래었다. 삼신산 이야기는 사마천의 〈사기*〉에서 비롯되었다. 발해만 동쪽 멀리 삼신산이 있는데, 그곳에 사는 사람은 모두 신선이었다. 그들은 하늘을 날아다니고 주옥으로 된 나무의 열매를 따 먹어서 늙지도 병들지도 않았다. 발해 연안의 제왕 가운데는 삼신산을 찾는 사람이 많았는데, 진나라 시황제도 그 중 한 사람이었다. 우리나라에서도 중국의 삼신산을 본떠 금강산을 봉래산, 지리산을 방장산, 한라산을 영주산으로 불러, 이 산들을 한국의 삼신산이라 일컫기도 했다.

채제공이 서재로 들어가더니 한참 만에 글을 쓴 종이를 들고 나왔다. 그것은 만덕의 이야기였다. 태어나고 자란 이야기에서부터 재난에 빠진 사람들을 구하고, 금강산을 구경한 이야기까지 모두 들어 있었다.

"이건 내가 너에게 주는 선물이다. 너의 마음 씀이 갸륵하고 남에게 귀감이 될 만하니 길이 남길 일이다. 내가

사기
중국 전한의 사마천이 상고 시대 황제부터 한나라 무제 태초년간 (BC104년~101년)의 중국과 그 주변의 역사를 포괄하여 쓴 역사책.

만덕전
채제공의 시문집인
〈번암집〉 권55에 실려
있다.

'만덕전*'이라 이름 지었으니 가져가거라."

만덕이 떨리는 손을 내미니 채제공이 웃으며 '만덕전'을 건네주었다.

만덕은 '만덕전'을 소중히 간직한 채 제주로 떠났다. 여름이 들어서는 5월 초순이었다.

금강산 일만 이천 봉

김만덕 할머니

"어르신, 저기 제주가 보입니다. 오는 길에 파도가 높아 좀 힘드셨지요? 이제 잠깐이면 제주에 닿을 것이니 조금만 더 참으십시오."

사공이 이마에 흐르는 땀을 닦으며 말했다.

"아니, 자네들이 고생 많았네. 덕분에 이렇게 무사히 돌아왔고. 고맙네."

만덕은 뱃전으로 나아가 멀리 떠 있는 제주를 바라보았다. 제주는 크고 둥근 섬이었다. 보리가 익어 가는 들녘은 온통 황금물결이었고, 쓰윽쓰윽 붓질을 해서 펼쳐 놓은 듯 엷은 구름이 한라산 머리 위로 떠돌아다녔다. 평화롭고 아름다운 섬이었다. 이 모습만 보았다면 누구라도 참혹했던 제주의 재난을 곧이듣지 못할 것이었다. 뱃전에 기대어 선 만덕에게 제주는 성큼성큼 다가왔다. 만덕은 가슴이 푸근해졌다.

포구에는 많은 사람들이 나와 있었다. 모두 만덕을 맞으러 나온 사람들이었다. 만덕은 그들과 함께 객주로 가서 소박하게 잔치를 열었다. 객주는 궁궐 이야기며 금강산 이야기로 한바탕 떠들썩했다. 사람들이 모두 돌아가고, 만덕은 들메와 마주 앉았다.

"그동안 별일 없었는가?"

"예, 말린 미역이나 전복은 곰팡이가 피지 않게 잘 갈무리해 두었습니다. 그리고 중산간 마을에서 모아 온 양태, 망건, 녹용은 다음 달 초에 나주 상인 하팔달이 와서 가져가겠다고 했습니다."

"창고에 곡물은 얼마나 있는가?"

"지난 가을 뭍에서 사 온 쌀과 조, 수수가 삼십여 석 있습니다. 곧 보리를 거둘 것이니 가을까지 더 사들이지 않아도 될 것 같습니다."

들메는 만덕이 없는 동안에도 빈틈없이 일을 해 놓았다. 만덕의 물음에 차근차근 대답하고 만덕에게 장부를 건네주었다. 그동안 들고 난 물건과 돈이 조목조목 정리되어 있었다.

"그동안 고생이 많았네. 이제 내가 없어도 우리 객주에 아무 문제가 없겠는걸."

만덕의 칭찬에 들메는 빙긋이 웃기만 했다. 하지만 만덕은 들메의 웃음 뒤에 감추어진 쓸쓸함을 알고 있었다. 객주로 돌아와 금강산 이야기로 한바탕 떠들썩할 때, 들메는 한쪽에서 가만히 듣고만 있었다. 그때 들메의 얼굴에는 그리움과 쓸쓸함이 뒤섞여 있었다.

"여보게, 들메. 자네에게 고맙고 또 미안한 마음이네."

"그게 무슨 말씀이십니까?"

"이번 일에는 자네 공이 컸지. 그 난리 중에 뭍에 나가 무사히 곡식을 실어 오는 일을 자네 아니면 누가 했겠는가? 자네가 때맞춰 뱃길을 달려왔으니 사람들이 살아날 수 있었던 게지."

"아닙니다. 어르신의 결단이 사람들의 목숨을 살렸지, 저야 뭐 한 일이 있다구요. 어르신 안 계신 동안에도 모두들 어르신 칭송이었습니다."

"다 고마운 일들이지. 그런데 여보게, 내가 자네랑 금강산에 같이 갔으면 좋았을걸, 그러지 못한 것이 못내 마음에 걸리네. 자네 고향과 금강산이 지척이란 걸 알고 있었으면서 말이야. 떠나 본 사람이 그리움을 안다고 가기 전에는 내가 미처 생각을 못 했네. 그런데 이제 돌아와 자네를 보니 미안한 마음 그지없구먼."

만덕이 들메의 손을 당겨 잡았다.

"어르신, 저는 괜찮습니다. 이곳이 제 고향이라 생각하고 사는걸요. 어르신 은혜로 여기에 뿌리를 내렸고, 식솔까지 거두며 살게 되었습니다. 괜한 걱정 않으셔도 됩니다."

"부모 형제가 없다지만 태 묻은 고향 산천인데 왜 그립지 않겠는가? 다음에 기회를 봐서 한 번 다녀오는 길을 마련하도록 하세. 자네는 아무 때고 바다를 건널 수 있으니 크게 어려운 일도 아니네."

들메는 만덕의 사려 깊은 배려에 고마움을 느꼈다.

만덕은 들메에게 장부를 다시 건네주었다.

"장부를 맡아 두게. 내가 아직 여독이 풀리지 않아 좀 쉬어야겠네. 당분간 자네가 더 맡아 해 주게."

들메는 장부를 들고 나갔다. 만덕은 흐뭇한 눈길로 들메의 뒷모습을 바라보았다. 만덕은 때가 되면 들메에게 객주를 하나 내 주어야겠다고 생각했다.

만덕이 돌아왔다는 소문이 퍼지자 사람들은 만덕에게 와서 서울 얘기를 물었다.

"궁궐은 우리 제주 관아보다 몇 배 크지요?"

"임금님이 손목을 잡고 칭찬하셨다면서요? 그 손목에

가체
지난날 부인들이 머리에 다리를 얹어 사치스럽게 꾸미는 머리. 부인들의 사치가 극심해지자 가체 금지령이 내려지기도 했다. 하지만 부인들은 가체 대신 얹은 족두리에 온갖 장식을 해서 쓰기도 했다.

명주라도 감아 놓아야겠습니다. 허허허."

"서울 부인들은 사치가 너무 심해 나라에서 가체*를 못 올리게 하고 대신 족두리를 쓰라고 했다던데, 정말 머리에 족두리를 쓰고 다니던가요?"

어린아이들은 아이들대로 궁금한 것을 물었다.

"어르신, 금강산 봉우리가 일만 이천 개인지 세어 보셨어요?"

"만덕 어르신, 서울에는 도둑 때문에 집집마다 대문이라는 게 있다면서요? 도둑이 정말 많이 다녀요? 도둑은 어떻게 생겼어요?"

아이들의 물음이 얼토당토않을 때도 있었지만, 만덕은 어린아이들에게 서울에서 보고 들은 것들을 자세히 얘기해 주었다. 가슴에 새겨 온 금강산도 하나하나 펼쳐 보여 주었다. 아이들은 만덕의 이야기가 신기해 놀라기도 했고, 갸우뚱 고개를 젓기도 했다. 만덕은 초롱초롱 빛나는 아이들이 사랑스러웠다.

세월이 흘러 만덕의 나이도 일흔 고개를 바라보고 있었다. 만덕은 객주 일보다는 아이들과 이야기를 나누며 소일하고 지낼 때가 많았다. 아이들은 스스럼없이 만덕을 따랐다. 그리고 언제부턴가 만덕을 부를 때 어르신이란 말 대신 만덕 할머니라 했다. 머리가 희끗한 만덕에게 썩 잘 어울리는 말이었다. 만덕은 여전히 어려운 이웃을 도왔고, 사람들은 한결같은 만덕을 사랑하고 존경했다. 어느새 제주에서는 모두 만덕을 '만덕 할머니'라 부르게 되었다. 만덕은 혼자 몸이었지만 외롭지 않았다.

순조 12년(1812년) 10월 22일, 만덕은 일흔네 해 동안 살았던 이 세상을 떠났다. 사람들은 만덕을 성 안이 한눈에 내려다보이는 가으니마루*에 안장했다. 동풍이 세차게 불기 시작한 늦은 가을이었다. 사람들은 큰 별이 진 듯 슬퍼했고, 오래도록 만덕을 잊지 못했다.

그 뒤 헌종 6년(1840년), 제주로 유배 온 추사 김정희*는 만덕의 이야기를 들었다. 그리고 만덕의 양손 김종주가 살고 있다는 사실을 알고 나무판에 글을 새기어 보냈다. 거기에는 이렇게 써 있었다.

은광연세(恩光衍世)

은혜의 빛이 온 세상에 번진다.

가으니마루
현재 제주시 일도 2동에 속한 지역의 이름.

김정희
1786년(정조 10년)~1856년(철종 7년). 조선 후기의 서예가. 호는 완당, 추사. 추사체를 대성시킨 서예가다. 헌종 6년부터 헌종 14년까지 제주에 유배되어 살았다.

〈책 속의 책〉

제주에 깃든 작은 역사

오진원
어디에 누워도 바로 책에 손이 닿는 어수선한 집 안에서 어린이 책을 열심히 읽으며 살고 있답니다.
그러다 보니 책을 읽고 하고 싶은 말도 생기고, 또 누군가와 터놓고 이야기를 나누고 싶어서
어린이 책 사이트 오른발왼발(childweb.co.kr)도 운영하게 되었지요.
평생을 어린이 책을 보고, 어린이들 이야기를 들으면서 지내는 게 희망이랍니다.

'제주도' 하면 무엇이 먼저 떠오르니?

한라산, 감귤, 돌하르방, 해녀, 신혼 여행지……. 아마 대부분의 사람들이 관광지 제주도의 한 장면을 떠올리게 될 거야.

그래, 제주도는 누구나 다 인정하는 우리 나라 최고의 관광지야. 육지에서 뚝 떨어져 있어서인지 마치 다른 나라에 온 듯한 느낌을 주곤 해. 한때는 최고의 신혼 여행지로 인기를 누리기도 했지. 비록 지금은 신혼 여행지 순위에서 밀리기는 했지만 대신 휴양지로, 수학 여행지로 손꼽히며 오히려 더 가까워진 것 같은 느낌이 들기도 해.

그런데 말이야, 생각해 보면 우리가 제주도에 대해서 알고 있는 게 너무 부족한 것 같아. 제주도의 겉모습만 훑고 지나간 건 아닌가 싶어. 만덕 할머니 이야기에 보면 망탱이를 둘러메고 말똥을 주워다 불을 지피는 장면이 있잖아. 말총으로 갓도 만들고 말이야. 그만큼 말이 많다는 뜻인데, 육지에서 멀리 떨어져 있는 섬 제주도에 왜 이리 말이 많았을까도 생각해 보았으면 좋겠어.

여기서는, 우리가 지금 눈으로 볼 수 있는 제주도의 모습뿐 아니라 우리가 보지 못하고 있던 제주도의 이야기까지 함께 해 보려고 해. 제주도 사람들의 삶과 역사 이야기 말이야.

특별한 역사를 가진 제주, 그 속으로 함께 떠날 준비가 되었니?

〈탐라순력도〉 중에서 뽑은 '한라장촉'. 1720년(숙종 28년) 4월 15일 제작. 당시 제주도에 관한 전반적인 내용과 주변 섬들에 대한 지식을 알려 주고 있다.

제주의 역사 속으로 출발!

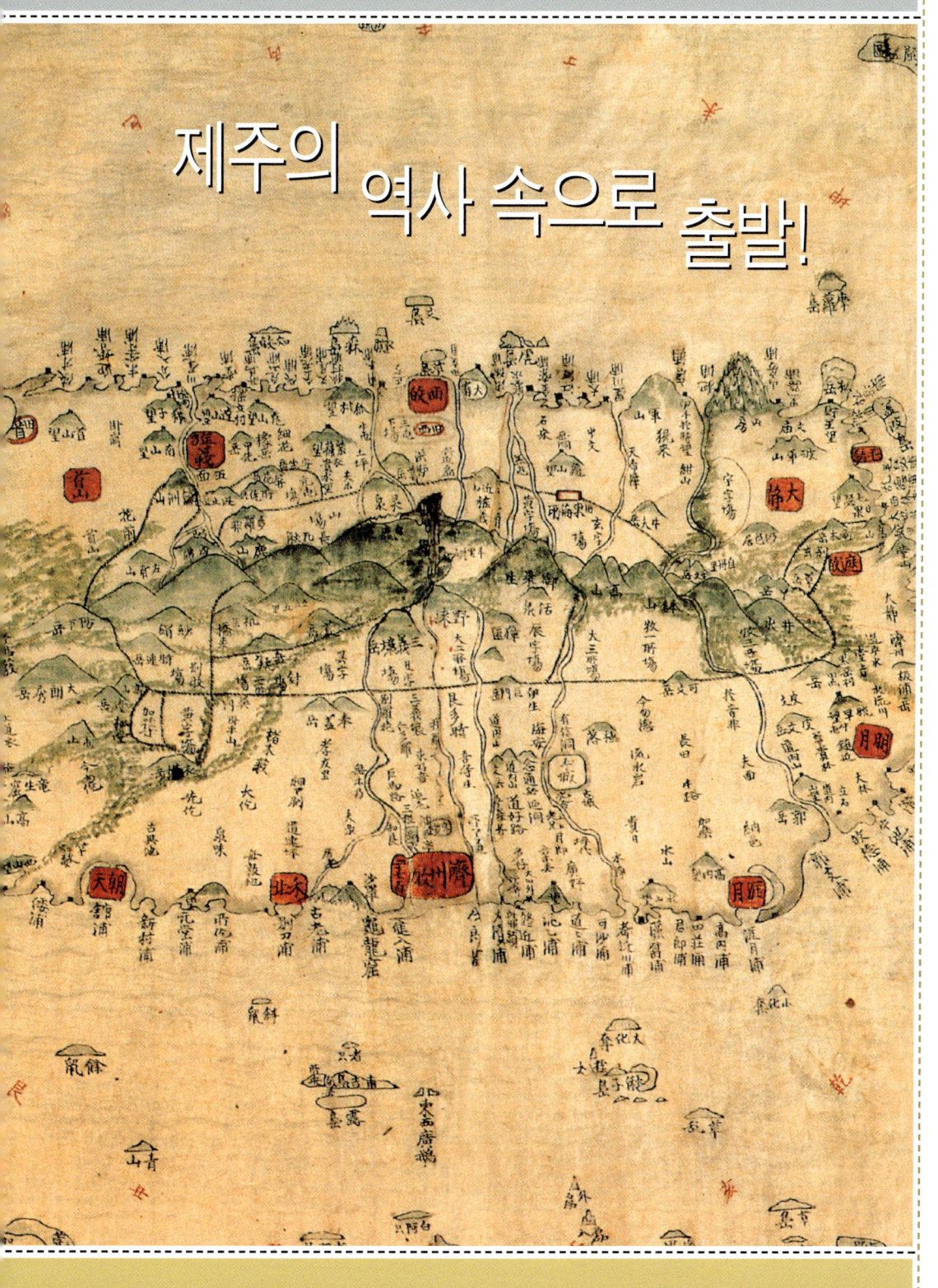

1. 화산섬, 제주

    제주도는 화산섬이야. 제주도 중심에 솟아 있는 해발 1,950m의 한라산과 그 정상에 있는 백록담이 바로 화산의 흔적이지. 그리고 마그마가 바닷가 쪽으로 흘러내리면서 생겨난 360여 개의 오름도 그렇고 말이야. 오름은 기생 화산을 뜻하는 제주의 말이란다.
    제주 사람들은 주로 바닷가 쪽에 옹기종기 마을을 이루며 살고 있어. 제주를 대표하는 구멍이 숭숭 뚫린 현무암은 비가 오면 빗물을 고스란히 빨아들이거든. 이 빗물은 낮은 바닷가 쪽으로 흘러넘치거나 바닷물의 압력 때문에 땅 위로 솟아오르게 돼. 사람들은 이렇게 물이 솟아오르는 곳을 용천이라 부르고, 자연스럽게 이곳을 중심으로 모여 살게 되었지.
    이처럼 물이 고여 있는 곳이 드물다 보니 물은 제주 사람들에게

아주 소중할 수밖에 없었어. 그건 제주의 물 항아리인 물허벅만 봐도 알 수 있어. 물허벅은 주둥이가 아주 작아. 물을 길어 올 때 물이 넘치지 않아야 하니까 말이야.

    이렇게 제주의 독특한 지형 속에서도 제주 사람들은 지혜를 발휘하며 생활해 왔어. 제주 땅은 바로 제주 사람들의 터전이니까 말이야.

❶ **현무암** 구멍이 숭숭 뚫린 제주의 돌. 제주의 조상들은 이 돌들로 유용한 생활 도구를 만들어 썼다. 절구통, 맷돌, 하르방, 돌담 등등.

❷ 현무암으로 이루어진 제주의 해안.

❸ 나무 주위에 띠를 둘러 가지에서 줄기로 흘러내리는 빗물을 항아리에 받아 모았다. 한 방울의 물이라도 얻기 위한 제주인들의 슬기를 보여 준다.

❹ **항아리 위에 올려진 물허벅** 입구를 좁게 하여 이동 중에 물이 흘러넘치지 않게 만들었다.

2. 제주의 생활

그럼 제주 사람들이 사는 모습은 어땠을까? 제주의 독특한 지형이 물허벅이라는 특별한 물 항아리를 만들어 냈듯이, 제주 사람들의 생활에는 제주만의 특징이 잘 살아 있단다. 물론 관광지로 개발되면서 많이 달라졌지. 하지만 그 흔적을 찾아보는 건 어렵지 않아. 그리고 그 흔적이야말로 제주를 가장 잘 보여 주는 것이기도 하고.

1) 음식

우리 나라 사람들은 밥 힘으로 살아간다고 하지. 그건 바로 밥이 우리 먹을거리의 상징이라는 뜻일 거야.

밥을 뭘로 짓는지는 다들 알겠지? 그래, 쌀이야. 쌀에다 보리나 콩 같은 잡곡을 넣어서 밥을 짓기도 하지만 기본은 역시 쌀이야. 그런데, 제주의 밥은 좀 달라. 제주에서 밥이란 보리밥이나 조밥을 뜻했거든. 제주에는 쌀농사를 지을 수 있는 곳이 거의 없기 때문이야. 제주도는 화산섬이기 때문에 물이 고여 있는 경우도 드물고, 땅 밑에는 용암이 흐르면서 만든 빈 공간이 아주 흔하거든.

한마디로 쌀농사를 짓기엔 적당치 않은 곳이지.

대신 제주 사람들은 보리나 조처럼 밭에서 나는 작물들을 재배했어. 다행히 제주는 따뜻한 아열대 기후라서 비닐하우스 없이도 싱싱한 야채를 사철 내내 먹을 수 있어. 또 바다에서는 생선과 해조류도 얻을 수 있고 말이야.

특히 제주에서 구한 해산물들은 맛있기로 이름이 났지. 그래서 제주의 토속 음식은 양념을 많이 쓰지 않는 대신 해산물 특유의 신선한 맛을 그대로 살리는 것이 특징이라고 해.

또 하나 중요한 게 있지. 똥 먹는 돼지, 똥돼지라고 들어 보았니? 옛날 제주에는 집집마다 담장 외진 구석에 '통시'라는 게 있었어. 통시는 돗통이라 불리는 돼지 우리와 화장실이 하나로 결합된 형태라고 생각하면 돼. 통시 한편에는 돗통이 있고, 돗통과 조금 떨어진 위쪽에 발판을 놓고 사람들이 볼일을 보았지. 돼지는 그 똥을 받아먹고 말이야.

에이, 더럽다고? 하지만 이 통시야말로 자연 친화적이란다. 사람 똥은 돼지의 먹이가 되고, 돼지의 배설물과 쓰레기는 기름진 퇴비가 되어 땅을 기름지게 했으니까.

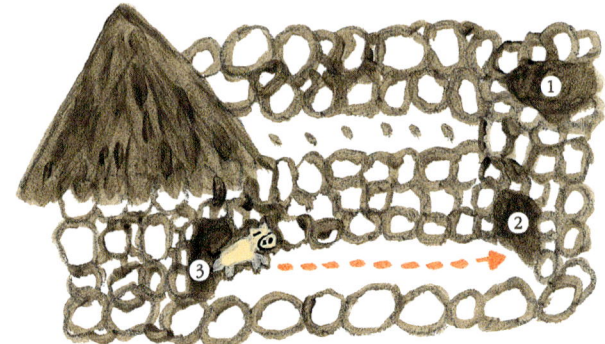

제주의 전통 화장실 '통시'
오른쪽 위 ❶이 볼일을 보는 화장실이다. 그 아래로 떨어진 똥을 돼지가 먹는다. 오른쪽 아래 작은 구멍 ❷가 돼지가 드나드는 입구. 왼쪽에 있는 작은 집 ❸이 돼지 우리다.

2) 옷

제주에는 갈옷이라는 게 있어. 제주 사람들의 작업복이자 일상복으로 사랑 받았던, 제주를 상징하는 옷이지. 채 여물지 못하고 떨어져 버린 감을 빻아서 여기서 나온 떫은 물에 옷을 담갔다가 말려. 그럼 풋감에 있는 타닌 성분이 옷감과 결합하면서 뻣뻣해지지.

이렇게 만든 갈옷은 아주 편리했어. 옷을 빨고 난 뒤에도 다림질 같은 건 필요 없거든. 그저 탁탁 털어서 입으면 충분해. 바람이 솔솔 통하니까 시원하기도 이를데 없고. 또 비를 맞아도 몸에 달라붙지도 않고, 지저분한 게 묻어도 털면 곧 떨어져. 물론 때도 잘 안 타지. 그리고 아주 질기기 때문에 웬만한 일을 해도 옷이 찢어지는 일이 없고 말이야. 진짜인지는 몰라도 제주에는 갈옷 한 벌로 30년을 버티었다는 말도 있어. 그만큼 갈옷이 질기다는 뜻이겠지. 그런데

갈옷 풋감즙으로 염색한 옷으로 질기고 더러움이 타지 않아 일할 때 많이 입었다. 왼쪽은 남자용 갈옷, 오른쪽은 여자용 갈옷.

봇디창옷 제주도 전통의 배냇저고리이다. 아기가 처음 태어나면 입혔던 옷이며 삼베로 만들었다. 통풍이 잘되어 땀띠를 예방하는 데 좋다.

이렇게 질긴 옷이 해지면 이번엔 그 옷으로 기저귀를 만들고, 또 기저귀가 해지면 걸레로 썼다고 해. 자냥하며 산다는 제주 사람들의 모습이 갈옷 하나에서도 고스란히 묻어나는 것이지.

3) 집

제주 사람들도 다른 곳과 마찬가지로 초가집에 살았어. 하지만 그 형태는 조금 달랐지. 다른 곳에서는 초가지붕에 볏짚을 얹었지만, 벼농사를 지을 수 없는 제주에서는 초가지붕에 새(억새, 띠)를 얹었지. 새는 늘 오름 가득 피어났으니까. 지붕은 줄을 꼬아서 그물처럼 얽어맸지. 바람이 심하게 부는 날씨 때문에 지붕이 날아가지 못하게 말이야.

초집 억새를 엮어 지붕을 얹은 제주의 전통 집.

풍채를 걸어 놓은 초집 지붕 밑 앞으로 쭉 비어져 나온 부분이 풍채로 햇볕을 가리는 역할을 한다.

 지붕 밑에는 풍채라는 게 있어. 평상시에는 이 풍채를 지붕 아래로 밀어 넣어 두기 때문에 못 볼 수도 있어. 하지만 바람이 많이 불 때면 풍채를 내려서 바람이 집 안으로 들어오지 못하게 막곤 했지.
 부엌의 모습도 많이 달랐어. 솥을 걸 수 있는 솥덕이 네다섯 개 있을 뿐 아궁이는 없거든. 부엌에 아궁이가 없는 건 따뜻한 날씨 때문에 난방이 별로 필요하지 않았기 때문이야. 대신 굴묵이라는 게 바깥쪽에 따로 있어서 필요할 때 난방을 하곤 했지. 난방을 할 땐 주로 말똥을 말려서 썼어. 말똥에 불을 붙이고 판석으로 막아 두면 다음 날 아침까지 타는데, 여기서 나오는 연기가 집 안으로 스며들어 벌레나 뱀을 막아 주었다고 해. 또 솥덕 위에는 씨앗을 담은

망태기인 씻부개기를 매달아 놓았는데 이렇게 하면 연기 때문에 씨앗에 좀이 슬지 않는다고 해.

집을 둘러싸고 있는 담은 돌담이지. 제주 어디에서나 흔히 보는 까만 돌을 그대로 쌓아 올려 놓은 거야. 구멍이 숭숭 나도록 쌓아 올려 놓기만 해서야 어디 제주의 센 바람에 견딜까 싶지만, 그 구멍이 바람을 이기는 방법이야. 바람에 맞서 싸우는 게 아니라 바람이 구멍 사이로 빠져나가게 하거든.

또 제주에는 우리가 알고 있는 것 같은 대문이 없어. 집 대문 구실을 하는 건 정낭인데 보통 대문과는 모습도, 의미도 달라. 집 양쪽 입구에는 정주석이라는 구멍이 서너 개 뚫린 돌기둥이 있어. 정낭은 이 정주석에

❶ **굴묵** 육지에 있는 집들이 부엌에 아궁이를 두었던 것과 달리 제주에서는 보다 간단한 구조의 굴묵을 사용하여 난방을 했다.

❷ **정지** 지난날 제주의 부엌. 왼쪽으로는 물항아리가 보이고 오른쪽으로는 솥을 걸어 놓은 솥덕이 보인다.

❸ **현무암으로 쌓은 제주의 성벽** 제주에는 돌이 많아 집의 담은 물론이고 밭의 경계, 성벽도 돌을 쌓아 올린다.

정주석과 정낭 대문이 없는 제주의 민가에는 입구에 정주석을 세워 주인이 있고 없음을 알린다.

걸치는 긴 나무를 말해. 그런데 이 정낭이 몇 개 걸쳐 있느냐에 따라 의미가 달라지지. 보통 한 개 걸쳐 있으면 집주인이 잠깐 나갔다 온다는 뜻이고, 두 개가 걸쳐 있으면 좀 멀리 볼일이 있어 한참 뒤에나 온다는 뜻이고, 세 개가 모두 걸쳐 있으면 아주 먼 곳에 가 있다는 뜻이야. 물론 정낭이 하나도 걸쳐 있지 않을 때는 집에 사람이 있으니 들어와도 좋다는 뜻이지. 이처럼 정낭은 집의 출입구이면서 동시에 집안 사람들의 동정을 주위 사람들에게 알리며 소통하는 방식이 되기도 했어.

3. 섬나라 탐라

옛날 옛적에 제주도에 '탐라국'이란 나라가 있었단다. 탐라국은 작지만 독립된 고대 국가였어. 백제, 신라와도 교류를 했지. 그러나 탐라국의 역사를 들어 볼 기회는 거의 없어. 탐라국은 육지와는 또 다른 역사를 갖고 있지만 우리 역사의 중심으로 들어오지는 못했으니까.

하지만 풍경이나 생활 모습만큼 독특한 탐라국의 역사를 알면 제주를 좀 더 잘 이해할 수 있어. 역사란 오늘을 살아가는 사람들의 모습이기도 하니까 말이야.

1) 삼성 신화 – 탐라국의 건국 신화

제주도에 가면 삼성혈이라는 곳이 있어. 그곳에서 '고을나', '양을나', '부을나'라는 세 사람이 솟아 나왔고, 이들이 탐라국을 세우게 되었다고 전해지지. 이들은 몸이 컸고 사냥을 해서 육식을 하고 가죽 옷을 입었다고 해.

하루는 이들 셋이 한라산에 올라 먼 곳을 바라보니 자줏빛 진흙으로 봉한 나무 상자가 바닷가에 있더래. 그래 그곳으로 가서 상자를 열어 보니, 자줏빛 옷에 관대를 한 사람과 알 모양의 옥함이 들어 있었어. 옥함에는 푸른 옷을 입은 처녀 세 사람과 송아지와 망아지, 오곡 씨앗이 담겨 있었지.

자줏빛 옷에 관대를 한 사람이 두 번 절을 하고 머리 숙여 말했지.
"저는 벽랑국의 사자인데 우리 임금님께서 서쪽 바다에 상서로운 기운이 서리는 것을 보고 장차 나라를 열고자 하는 세 명의 특별한 사람에게 배필이 없으니, 세 공주를 그곳으로 데려가라 하셔서

삼성혈 제주의 고을나, 양을나, 부을나 이렇게 세 성의 시조가 솟았다는 곳.

왔습니다. 마땅히 혼례를 올리시고 대업을 이룩하소서."

그리고 말을 마치자 홀연히 구름을 타고 사라져 버렸지.

고을나, 양을나, 부을나는 세 공주와 차례로 장가를 들고는 활을 쏘아서 거처할 곳을 정했어. 오곡 씨앗을 뿌리고 소와 말도 기르고 말이야. 이후 살림은 풍성해지고 자손도 번성하게 되었다고 해. 지금으로부터 약 4,300여 년 전 일이지.

탐라 왕자의 묘 문헌 기록과 전해지는 이야기를 통해 탐라 왕자의 무덤으로 추정되는 곳이다. 역사학자들은 이 무덤이 고려 후기에서 조선 초기에 만들어졌을 것으로 본다. 조선 초기 까지 제주에는 '성주'와 '왕자'라는 관직이 남아 있었다.

2) 탐라에서 제주로

아쉽게도 탐라국에 대한 기록은 별로 남아 있지 않아. 탐라국이 세워진 연대도 정확히 모르지. 탐라국이 백제와 통일 신라에 조공을 했다는 기록만 남아 있을 뿐이야.

그리고 탐라국은 1105년 고려의 군현으로 편입되고 말아. 이때부터 탐라라는 이름 대신 제주라는 이름으로 불리게 되었지. '제주'란 육지로부터 멀리 떨어져 있는 큰 행정 구역이란 뜻이야.

하지만 여전히 제주는 본토와는 다른 역사를 갖고 살아가야 했어. 그 시작은 100년에 걸친 몽골의 지배라고 할 수 있어. 몽골의 침입으로 고려가 겨우 왕권만 유지하는 신세가 되자 삼별초는 항몽 투쟁을 결의하며 진도를 거쳐 제주로 들어왔어. 그러나 결국 패하고 제주는 몽골의 지배를 받게 된 거야. 그래서 지금도 제주에는 몽골의 흔적이 남아 있지.

육지에서 멀리 떨어진 제주에 말이 많아진 것도 이때부터라고 해. 1374년, 제주는 100년 만에 몽골의 지배에서 벗어나게 돼. 최영 장군이 이끄는 탐라 토벌군이 몽골을 제주에서 몰아낸 거야. 당시 몽골은 힘이 점점 약해져서 다시 옛 몽골 지역으로 쫓겨 가던 때였거든. 공민왕은 이런 정세 속에서 과감하게 개혁 정책을 펴

항파두리성의 모습 삼별초가 쌓은 성. 성벽은 경사진 자연 지형을 따라 만들어졌는데 성의 기초는 암석으로, 그 위는 흙으로 쌓았다. 이 점으로 미루어 볼 때 짧은 시간 안에 급하게 쌓아 올린 것으로 짐작된다.

나갔어. 제주를 되찾은 것도 몽골과 맞선 개혁 정책의 하나였고 말이야. 그러나 고려는 제주를 되찾은 지 얼마 지나지 않아 멸망하고 조선이 건국되었지.(1392년)

4. 한반도의 오지

조선은 강력한 중앙 집권 정치를 실시했어. 이때부터 제주는 전라도 제주목에 속하게 되었고 목사가 파견되었어.

하지만 서울 양반들 입장에서 볼 때 제주 목사로 부임한다는 건 좌천을 뜻했지. 바다를 건너는 일도 위험했고. 그래서 다들 제주 목사로 부임하는 걸 꺼려하곤 했어. 병을 핑계로 부임하지 않거나, 별 이유도 없이 부임하지 않기도 했고, 또 부임을 했다가도 얼마 뒤 병을 핑계로 사직하기도 했대. 그래서 제주 목사의 평균 재임 기간은 다른 지역보다 훨씬 짧은 1년 8개월 정도에 불과했다고 해.

이는 제주가 대표적인 유배지라는 점과도 관련이 있을 거야. 유배지는 보통 죄의 무게에 따라서 결정이 되는데 서울에서 멀고, 교통이 나쁘고, 위험한 곳일수록 무거운 죄로 유배를 당하게 된

제주목 관아의 입구
일제 강점기에 완전히 훼손되어 그 모습을 찾아보기가 힘들었으나, 1991년부터 발굴 작업이 이루어져 2002년 12월에 원래의 모습을 되찾았다.

추사 김정희가 유배 중 머물던 곳 사진은 추사 김정희 기념관으로 당시 제주의 생활 모습을 복원한 것이다.

거라고 보면 돼.

북쪽 국경 지역이나 섬, 특히 육지에서 뚝 떨어져 있는 제주는 대표적인 유배지였지. 추사 김정희를 비롯해 충암 김정, 우암 송시열 등이 이곳 제주에서 유배 생활을 했어.

한편 제주는 아주 미개한 곳으로 여겨지곤 했어. 유교를 숭상하는 조선 양반들이 볼 때 제주의 독특한 토속 신앙은 귀신을 섬기는 어리석은 모습으로만 여겨졌어. 그래서 이를 타파한다며 불교 사찰과 신당을 마구 불태웠어. 만덕 할머니가 금강산에 가서야 처음으로 사찰이며 불상을 보게 된 것도 바로 이 때문이야.

5. 슬픈 역사

1) 이재수의 난

19세기는 '민란의 시대'라 불릴 만큼 민란이 많이 일어나. 세도 정치가 문란해지면서 부당한 세금 징수와 환곡을 둘러싼 지방 관리들의 농간이 심해졌어. 백성들은 먹고살기가 더 힘들어졌고. 제주에서도 마찬가지였어.

이재수의 난(1901년)은 제주의 가장 대표적인 민란 가운데 하나야. 그런데 이재수의 난은 좀 더 특별했지. 민란의 이유에 다른 한 가지가 더해졌거든. 그건 천주교인에 대한 반발이야.

제주에 천주교가 들어온 건 1899년이야. 당시 프랑스 신부는

산방산 이재수가 살았던 생가가 있는 곳이며, 이재수의 난이 시작된 곳이기도 하다. 1800년대 이후 제주에서 일어난 몇 차례의 민란이 이곳을 중심으로 불길처럼 번졌다.

고종이 내린 '여아대(如我待 - 국왕처럼 대우하라)'라는 신표를 지니고 있었대. 그래서 누구든 천주교로 개종을 하면 똑같이 특권을 누릴 수 있었지. 그러자 신앙과 상관없이 특권을 누리기 위해서 천주교로 개종하는 사람들이 생겨났지. 또 천주교는 제주 고유의 신앙을 사탄으로 취급하며 갈등을 불러일으키기도 했고. 게다가 당시 중앙에서는 지방세를 국세로 전환하면서 지방관보다 권한이 더 큰 세금 징수관을 파견했는데, 천주교인들이 세금 징수관의 손발이 되어 나섰던 거야. 결국 천주교인들은 제주 사람들과 이래저래 부딪칠 수밖에 없었지.

그리고 갈등이 깊어지면서 사람들은 무장 투쟁으로 나아가게 되었어. 하지만 얼마 뒤 프랑스 군함과 대한 제국의 군대가 파견되면서 난을 일으켰던 지도부는 체포되고 이재수도 처형되고 말았지.

삼의사 비 이재수의 난은 신축년 민란이라고도 하는데, 이 때 이재수 말고도 강우백, 오대현이라는 두 명의 장두가 더 있었다. 남제주군 대정읍 보성리에는 이 세 사람을 기리기 위해 비가 세워져 있다.

2) 4·3 항쟁

이재수의 난 이후 채 50년도 지나지 않아 제주에는 또 하나의 중요한 사건이 일어나게 돼. 그 사건은 지금까지도 아픈 상처로 남아 있지. 제주도 중산간 지대에는 마을의 흔적만 남아 있을 뿐 사라져 버린 마을들이 있어. 이 마을들은 왜 사라지게 되었을까?

그 이유를 알려면 우리는 가슴 아픈 역사의 한 대목을 떠올려야만 해. 교과서에서는 배우지 않지만 굉장히 슬프고 기가 막힌 사건이 1948년 제주에서 일어났단다.

그 시작은 1947년 제주북 초등학교(당시 국민학교)에서 열린

하산민 강요배 화백의 4·3 역사화 〈하산민〉. 항쟁 당시 산속 피난민들이 '투항'의 깃발을 들고 산을 내려오고 있다. 추위와 굶주림에 지친 어린이, 부녀자들, 노인들이 항복하기 위해 해안으로 내려왔다. 이들이 노약자라고 해도 살 수 있다는 보장은 없었다. 하산민들은 곧 수용소에 갇혔으며, 무더기로 열린 군사재판에서 살 것인지 죽을 것인지가 결정되었다.

3·1절 기념식이었어. 이날 기념식에는 무려 3만 명에 이르는 사람들이 몰려왔어. 일본은 물러갔지만 사람들의 생활은 전혀 나아지지 않았거든. 게다가 어렵게 독립한 나라는 하나의 국가가 아닌 남북 분단 정부가 들어설 위기에 처했고 말이야. 그런데 이날 행사를 마치고 사람들이 거의 해산했을 무렵, 한 기마 경관의 말굽에 어린 소년이 차이는 사건이 일어나. 기마 경관은 아무런 응급조치 없이 빠져나갔고, 이를 본 몇몇 사람들이 돌을 던지며 항의를 했지. 그러자 갑자기 총격이 가해지기 시작했어.

이 사건은 학생들의 동맹 휴학으로, 도민 총파업으로 이어졌어. 제주 도청은 물론 북군청과 제주 읍사무소, 일부 경찰까지 파업 대열에 동참했지.

그리고 1948년 4월 3일 밤 1시, 제주 오름에 일제히 봉화가 올랐어.

"미군은 즉시 철수하라!"

"나라 망치는 단독 선거 절대 반대한다!"

결국 제주에서는 단독 정부를 세우기 위한 선거가 제대로 치러지지 못했어. 하지만 분단 정부를 막아 내지는 못했지. 얼마 지나지 않아 단독 선거를 반대했던 제주 도민에 대한 무자비한 토벌

작전이 시작되었어. 10월 17일에는 '해안선에서 5km 이상 지역에 출입하는 자는 무조건 사살한다.'는 포고문이 발포되었지. 이때부터 대부분의 중산간 마을은 불길에 휩싸였지. 일부 주민들은 해안 마을로 나왔지만 많은 주민들은 토굴이나 산속 깊이 숨어들었고, 의심스럽다고 여겨지는 사람들은 무조건 다 죽임을 당했어. 어른과 아이, 남자와 여자 할 것 없이 많은 제주 도민들이 죽어 갔지.

이렇게 엄청난 사건이었지만 4·3 항쟁은 오랫동안 사람들에게 입에 올려서는 안 되는 말이었어.

4·3 항쟁에 대해 국가 차원에서 공식으로 사과를 한 건 2003년 10월 31일, 노무현 대통령이 처음이었어. 실로 55년 만에 받은 사과였지. 하지만 사과를 한다고 문제가 해결되는 건 아니겠지. 어쩌면 이제부터 4·3 항쟁의 진실을 밝혀 나갈 때일 거야.

곤을동 방사탑 곤을동은 4·3항쟁 당시 군경 토벌대에 의해 마을이 완전히 불타 없어져 지금은 잃어버린 마을이 된 곳이다. 지금은 사람이 살지 않고 그 흔적만 남아 있다. 2005년, 제주 민예총에서 '찾아가는 위령제'를 곤을동에서 마련했고, 해원상생굿을 마친 뒤, 이곳 곤을동에 더 이상 아픔이 없기를 바라는 마음으로 참여한 사람들이 주변의 돌을 하나씩 가져와 이 '방사탑'을 세웠다.

6. 새로운 도약

전라남도의 한 섬이었던 제주는 해방이 된 이듬해인 1946년에 독립된 행정 구역인 제주도(濟州道)로 승격이 됐어. 이제 경기도, 강원도, 충청남도, 충청북도, 전라남도, 전라북도, 경상남도, 경상북도와 똑같은 위치가 된 거야.

그렇다고 갑자기 뭔가가 새롭게 바뀌거나 하는 건 아니지. 제주만의 지리 조건과 생활 양식, 독특한 역사 체험은 고스란히 갖고 있으니까. 그래도 해방과 함께 하나의 독립된 행정 구역으로 승격된 제주 사람들의 기대는 남달랐을 거야.

하지만 얼마 지나지 않아 제주 사람들은 또다시 좌절을 맛보게 돼. 그 가운데 하나는 1948년의 4·3 항쟁이야. 그리고 또 하나는 한국 전쟁이지. 한국 전쟁이 일어나자 제주도에는 육군 훈련소가 설치되고 피난민들도 대거 들어왔어. 제주 사람들이 이렇게 많은 본토 사람을 본 건 처음이라고 해. 그런데 그 본토 사람들과의 정서적 거리감이 굉장히 크게 느껴진 거야. 지금도 나이 많은 분들이 '제주 사람'과 '뭍사람'으로 구분 지어 말씀하시는 건 바로 그 때문일 거야.

하지만 1960년대에 들어서면서 제주는 자신만의 독특한 매력을 드러내며 관광지로 다시 태어나게 됐어. 한라산 남북을 횡단하는 도로가 생기고, 중문 관광 단지도 개발되고, 제주의 특산물인 감귤 농사도 본격화되었지. 이렇게 1970년대와 1980년대를 거치며 제주는 우리 나라 최고의 관광지로 우뚝 섰어.

그리고 1990년대 들어서면서 제주는 단순한 관광지가 아니라 우리 나라의 대표 도시로 떠오르게 됐어. 1991년 당시 고르바초프 소련 대통령과 노태우 대통령의 정상 회담을 시작으로 세계 각국의 정상들이 제주를 방문하기 시작했어. 각종 국제 회의도 제주에서 열렸고. 이제 제주는 한국을 대표하는 국제 자유 도시로 발돋움하고 있는 거지.

또 2005년에는 제주 전역이 '세계 평화의 섬'으로 지정되기도 했어. 도둑, 대문, 거지가 없는 제주도 평화 정신과 4·3 항쟁의 아픔을 진실과 화해로 극복한 모범 지역이라는 게 선정 이유지.

제주는 더 이상 한반도 끝자락에 있는 외로운 섬이 아니야. 세계의 여러 나라 사람들이 평화롭게 만나는 평화의 섬, 우리 나라가 태평양 여러 나라들과 만나는 희망의 섬이 될 거야.

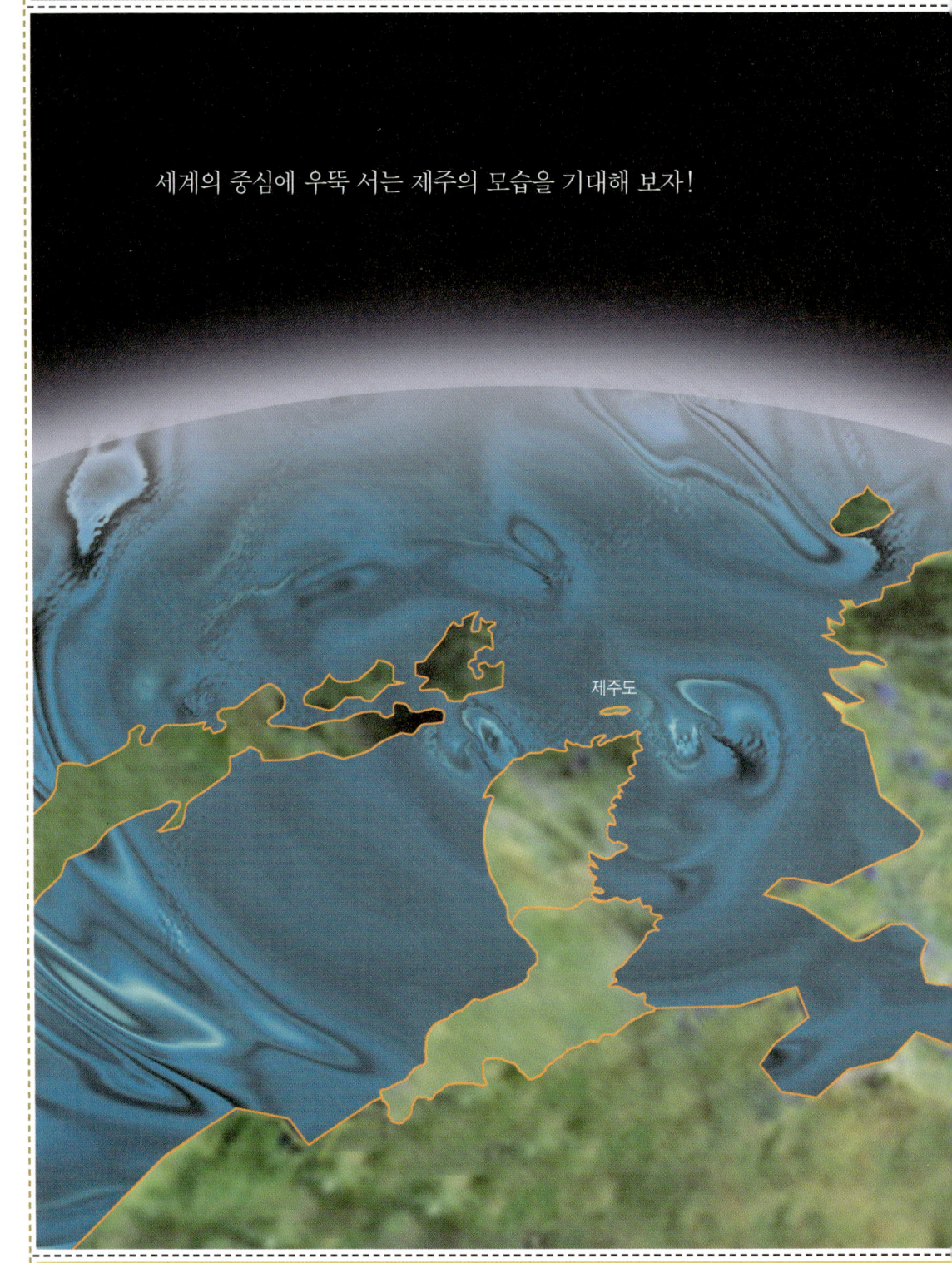

| 도움을 준 자료와 책 |

〈그리스 신화보다 그윽한 신화와 전설-제주도 전설집〉, 진성기, 제주민속연구소 | 〈김만덕의 자선〉, 양중해, 제주문화
〈김만덕전〉, 김태능, 김만덕기념사업회 | 〈모충사기〉, 김봉옥, 제주시 | 〈번암집 권55〉 중에서 〈만덕전〉
〈우리의 소리를 찾아서 1·2〉, 최상일, 돌베게 | 〈잃어버린 마을을 찾아서〉, 제주4.3제50주년학술문화사업추진위원회, 학민사
〈조선왕조실록〉 | 〈제주계록〉, 서귀포시 | 〈제주도 무속론고-남국의 무속〉, 진성기, 제주민속연구소 | 〈제주도 신화〉, 현용준, 서문당
〈제주도 전설〉, 현용준, 서문당 | 〈제주도 전설집〉, 진성기, 제주민속연구소 | 〈제주도 제주 사람〉, 김영돈 글, 민속원
〈제주 돌·바람 그 문화와 자연〉, 제주민속자연사박물관 | 〈제주민속의 아름다움〉, 진성기, 제주민속연구소
〈제주 역사 기행〉, 이영권, 한겨레신문사 | 〈제주의 삶, 제주의 아름다움〉, 국립제주박물관, 통천문화사
〈제주의 역사와 문화〉, 국립제주박물관 엮음, 통천문화사 | 〈제주풍토기〉, 이건, 김태능 역 | 〈탐라순력도〉, 이형상, 제주시
〈탐라지〉, 이원진 편, 김행옥 역 | 〈한국 문화와 제주〉, 국립제주박물관 엮음, 서경 | 〈항해와 표류의 역사〉, 김영원 외, 솔출판사

| 사진 촬영 및 협조 |

ⓒ강요배 | ⓒ국립제주박물관 | ⓒ김정조 | ⓒ이지수 | ⓒ제주4·3연구소 | ⓒ제주도민속자연사박물관 | ⓒ제주시청